红迹

北京中轴线文化游典

绵延赓续

北京非物质文化遗产保护中心 组织编写

谢荫明 董更然 著

北京出版集团
北京出版社

图书在版编目（CIP）数据

红迹：绵延赓续 / 北京非物质文化遗产保护中心组织编写；谢荫明，董更然著. — 北京：北京出版社，2021.10

（北京中轴线文化游典）

ISBN 978-7-200-16556-2

I. ①红… II. ①北… ②谢… ③董… III. ①革命纪念地—介绍—北京 IV. ①K878.2

中国版本图书馆CIP数据核字（2021）第151060号

北京中轴线文化游典
红迹
绵延赓续
HONGJI

北京非物质文化遗产保护中心　组织编写
谢荫明　董更然　著

*

北　京　出　版　集　团　出版
北　京　出　版　社
（北京北三环中路6号）
邮政编码：100120

网　址：www.bph.com.cn
北京伦洋图书出版有限公司发行
北京鑫益晖印刷有限公司印刷

*

787毫米×1092毫米　16开本　20.25印张　237千字
2021年10月第1版　2023年7月第2次印刷
ISBN 978-7-200-16556-2
定价：79.80元
如有印装质量问题，由本社负责调换
质量监督电话：010-58572393

"北京中轴线文化游典"编委会

主　　编　陈　冬
副 主 编　庞　微
执行主编　杨良志　张　迁　姜婷婷　刘子军
　　　　　安　东　刘庆华

编　　委（按姓氏笔画排序）
　　　　　王　越　孔繁峙　白　杰　朱祖希
　　　　　李建平　杨　澄　张　勃　张永和
　　　　　张妙弟　张宝秀　周家望　宗春启
　　　　　赵　书　赵东勋　韩　扬

编　　辑（按姓氏笔画排序）
　　　　　肖　潇　陈　华　珊　丹　赵海涛
　　　　　莫　箫　高　琪　彭丽丽　魏小玲

总　序

"一城聚一线，一线统一城"，北京中轴线南端点在永定门，北端点在钟楼，位居北京老城正中，全长 7.8 千米。在中轴线上有城楼、御道、河湖、桥梁、宫殿、街市、祭坛、国家博物馆、人民英雄纪念碑、人民大会堂、景山、钟鼓楼等一系列文化遗产。北京中轴线自元代至今，历经 750 余年，彰显了中华民族守正创新、与时俱进的文脉传承，凸显着北京历史文化的整体价值，已经成为中华文明源远流长的伟大见证。

北京中轴线是北京城市的脊梁与灵魂，蕴含着中华民族深厚的文化底蕴、哲学思想，也见证了时代变迁，体现了大国首都的文化自信。说脊梁，北京中轴线是中华民族都市规划的杰出典范，是北京城市布局的脊梁骨，对整座城市肌理（街巷、胡同、四合院）起着统领作用，北京老城前后起伏、左右对称的建筑或空间的分配都是以中轴线为依据的；说灵魂，北京中轴线所形成的文化理念始终不变，尚中、居中、中正、中和、中道、凝聚、向心、多元一统的文化精神始终在中轴线上延续。由此，北京中轴线既是历史轴线，又是发展轴线，还是北京建设全国文化中心的魅力所在、资源所在、优势所在。

　　北京中轴线是活态的，始终与北京城和中华民族的发展息息相关。在历史长河风云变幻中，一些重大历史事件都发生在中轴线上，同时中轴线始终有社会生活的烟火气，留下了京城百姓居住、生活的丰富印迹。这些印迹既有物质文化遗产，又有非物质文化遗产；这些印迹不仅有古都文化特色，还有对红色文化的展现、京味文化的弘扬、创新文化的彰显。中轴线就像一个大舞台，包括皇家宫殿、士大夫文化、市民生活，呈现开放包容、丰富多彩、浓厚的京味，突出有方言、饮食、传说、工艺、科技以及各种文学、艺术等。时至近现代，在中轴线上还有展现中华民族革命斗争的历史建筑和社会主义现代化建设的红色文化传承。今天，古老的中轴线正从历史深处昂扬走向璀璨的未来，在传统文化与现代文明的滋养中焕发出历久弥新的时代风采。

　　北京中轴线是一张"金名片"，传承保护好以中轴线为代表的历史文化遗产是首都的职责，也是每一个市民的责任。以文塑旅，以旅彰文，"北京中轴线文化游典"是一套以学术为支撑，以普及为目的，以文旅融合为特色，以"游"来解读中轴线文化的精品读物。这套读物共16册，以营城、建筑、红迹、胡同彰显古都风韵，以园林、庙宇、碑刻、古狮雕琢文明印迹，以商街、美食、技艺、戏曲见证薪火相传，以名人、美文、译笔、传说唤起文化拾遗。书中既有对北京城市整体文化的宏观扫描，又有具体而精微的细节展现；既有活跃在我们生活中的文化延续，也有留存于字里行间的珍贵记忆。

总序

    本套丛书自规划至今已近3年，很多专家学者在充分的交流与研讨中贡献了真知灼见，为丛书的编辑出版提供了宝贵建议。在此，我们对所有参与课题调研、交流研讨的专家学者以及众多编者、作者表示感谢。

    "让城市留住记忆，让人们记住乡愁。"北京中轴线的整体保护与传承，不仅是推进全国文化中心建设的重要举措，更是我们这一代人的历史责任与使命。只有正确认识历史，才能更好地开创未来。要讲好中轴线上的中国故事、传递好中国声音、展示好中国形象，使这条古都的文化之脊活力永延。我们希望"北京中轴线文化游典"的问世，能让历史说话，让文物说话，让专家说话，让群众说话，陪伴您在游走中了解北京中轴线的历史文化内涵，感知中轴线上的文化遗产，体验首都风范、古都风韵、时代风貌，不断增强文化获得感，共筑中国梦。

李建平
2021年4月

目 录

前言　城市中轴·民族脊梁　　　　　　　　　　　　　　/ 001

第一辑　一根结绳记事的锦带　　　　　　　　　　　　/ 001

永定门下难平静——一二·九运动的集结地天桥　　　　/ 003

名宅掩护交通站——中共的秘密交通站刘公馆　　　　　/ 013

传单飞舞新世界——新世界游艺场陈独秀被捕　　　　　/ 023

南下请愿唤出兵——前门东站北平学生南下请愿示威　　/ 037

慷慨就义为黎民——从李大钊旧居到京师看守所　　　　/ 045

万众欢迎子弟兵——北京和平解放入城式　　　　　　　/ 058

第二辑　一通晶莹洁白的丰碑 / 067

广场风雨三十年——从3000人的抗议到30万人的欢庆 / 069

伟绩丰功堪仰止——万众瞻仰毛主席纪念堂 / 080

日月同辉永不朽——人民英雄纪念碑的奠基与落成 / 087

我爱北京天安门——绘入国徽的共和国标记 / 098

先烈有灵当笑慰——太和殿华北战区日军投降仪式 / 112

民族解放共一途——蒙藏学校的革命活动 / 121

第三辑　一条川流不息的长河 / 131

古坛沐浴十月风——李大钊在中央公园演讲 / 133

栉风沐雨色更浓——北京共产党小组的诞生 / 146

沥血呼唤新青年——陈独秀与《新青年》编辑部 / 155

国共合作开新域——翠花胡同的国民党北京执行部和市党部 / 164

亢慕义斋悟真谛——北京大学马克思学说研究会图书室 / 172

两度来京定初心——毛泽东早期在北京的住地和活动 / 180

第四辑　一把熊熊燃烧的火炬　　　　　　　　　　　／ 189

流星闪电耀夜空——陶然亭公园高君宇、石评梅之墓　　　／ 191

议场有幸见沧桑——北平地下党会师原国会议场　　　　　／ 202

军事调处为和平——翠明庄军调部中共代表团驻地　　　　／ 210

民众英姿多神武——1925年首都革命的夺权尝试　　　　／ 221

"民国以来最黑暗的一天"——"三一八"执政府门前的碧血丹心　／ 228

第五辑　一支五彩缤纷的画笔　　　　　　　　　　　／ 243

时事评论引关注——《每周评论》的作用　　　　　　　　／ 245

抗日锄奸敌胆寒——东黄城根枪击日本军官　　　　　　　／ 254

墙外桃花墙内血——草岚子监狱里的革命者　　　　　　　／ 266

权将舞台作战场——慈慧寺里的北平剧联　　　　　　　　／ 273

中共早期的学校——中共北方区委党校始末　　　　　　　／ 282

钟鼓楼下吁抗敌——1936年民众抗日集会示威　　　　　／ 289

革命红迹之旅　　　　　　　　　　　　　　　　　　／ 297

前　言

城市中轴·民族脊梁

北京城中轴线长 7.8 千米，南起永定门，北至钟鼓楼。"北京的独有的壮美秩序就由这条中轴线的建立而产生。"（梁思成）这条规整的中轴线，凝聚着中华民族的智慧和创造，见证着中华民族勇敢不屈的品质，铭刻着中华民族志士仁人追求自由、进步的奋斗足迹。这智慧、品质和奋斗，在中国近现代历史上，在争取民族独立和人民解放的过程中，体现得更为集中，表现得更加悲壮，绽放得更加绚丽。

北京的中轴线，仿佛一根结绳记事的锦带。在这条中轴线及其两侧，有帝国主义划定的"国中之国"东交民巷、西交民巷，有日本侵略者培养细菌武器的场所，有从克林德碑、公理战胜碑到保卫和平碑的变迁，这些民族的耻辱须牢牢铭记，不可忘却。

北京的中轴线，仿佛一通晶莹洁白的丰碑。在这条中轴线及其两侧，镌刻着孙中山、李大钊、毛泽东、周恩来、邓中夏、高君宇、鲁迅等先驱的英名，记载着烈士的牺牲，留下了"为了反对内外敌人，争取民族独立和人民自由幸福而前仆后继的人民英雄们"的业绩和身影。

北京的中轴线，仿佛一条川流不息的长河。在这条中轴线及其两侧，集聚了一群最先接受新思想新文化的先进分子。北大红楼，《新青年》《每周评论》编辑部，亢慕义斋，在民族的觉醒、中国共产党的建立和发展中厥功至伟。

北京的中轴线，仿佛一把熊熊燃烧的火炬。在这条中轴线及其两侧，回荡着五四运动的初声、一二·九运动的呐喊、三一八惨案的悲壮、射向敌酋的枪响；在这里，反帝外争国权、反封建内惩国贼的斗争从来就没有停息。

北京的中轴线，仿佛一支五彩缤纷的画笔。在这条中轴线及其两侧，经历过万人空巷的入城式、中华人民共和国开国大典，矗立着人民英雄纪念碑、人民大会堂。众多冠以"人民"的标志性建筑，描绘出了新旧社会的两重天地。

让我们沿着"1919—1949"这条时间的隧道，循着由南到北 7.8 千米距离的坐标，踏在古老而又清晰的中轴线上，在时间和空间的交错中，一起寻找那些不朽的历史印记，发现并收藏起那些爱国、民主、科学、进步和人性的，跨越时代和世纪的光芒。

谢荫明

2021 年 2 月

第一辑
一根结绳记事的锦带

天桥三角市场 盛锡珊绘

永定门下难平静
——一二·九运动的集结地天桥

城楼下的平民市景

永定门，位于中轴线的最南端，始建于明嘉靖三十二年（1553）。和外城的左安门、右安门、广安门一样，顾名思义，永定门寄寓着人们盼望永远安定的美好愿望。200多年后，清乾隆年间永定门重建，前有箭楼，后有城楼，成为北京外城七门中最大、最重要的城门。

当年从永定门箭楼往南望去，一马平川，皇帝到南苑一带狩猎，就从这里进出。鸦片战争以后，特别是清光绪二十六年（1900）八国联军攻占北京后，永定门依旧，而安宁已不复存在。

由永定门北望，最近的著名地界就数天桥了。从永定门到前门，有一条直通通的大道，位于北京南中轴线上。这里之所以称为天桥，一是此处有一座建于明代的汉白玉单孔桥，而天桥之名始

晚清的永定门及箭楼

于明代;二是明清皇帝去天坛祭天必经此地,皇帝为"天子",朝天之路当然就是"天桥"。1919年重修后,天桥的弧度降低,将原来的穹隆形状改为平缓的坡道,以利行人通过。到20世纪20年代末,随着天桥的上部结构拆除、桥洞埋于地下,天桥从实体来说已经名存实亡。

桥没了,可地名没改,反而因为天桥市场声名远播。1912年,为贯通正阳门交通,瓮城内60余家商户被迁移到了天桥,由此天桥市场更加繁荣。"酒旗戏鼓天桥市,多少游人不忆家?"天桥的集市和由此衍生的平民娱乐场所,可以说是北京民俗文化的发祥地。

民国时期居住在天桥附近的人们

由永定门城楼上俯瞰北方,有一大片夹杂着低矮窝棚和苇席的空场,除了十几处戏园子,这里更多的是闯荡江湖、卖艺糊口的人,像说书的、唱戏的、变戏法的、拉洋片的、练把式的、摔跤的、卖野药的、说相声的等等。平日里,北京城三教九流、五行八作的各色人等都爱聚集在这里。云里飞、大金牙等"天桥八大怪"便是在这里卖艺成名。

1931年九一八事变后,日本帝国主义占领东北,紧接着又打起了华北的主意。通过《何梅协定》《秦土协定》,他们步步进逼,提出一系列无理要求:罢免河北省主席于学忠,河北省会由天津迁往保定；中央军撤出河北省；河北省和平津两市党部及军分会政治处停止活动，解散一切反日团体；对被暗杀的两名亲日社长赔偿损失，严惩参与暗杀的人员；取缔排日书籍，取消察哈尔省境内一切国民党机关，成立察东非武装区，将驻于昌平及延庆一线以东，经独石口以北、龙门西北及张家口以北，至张北县以南的国民党29军宋哲元部全部撤退，调其至西南地区；聘请日本人为政治、军事顾问；向日方道歉，撤换并处罚与张北事件有关的中国军官；等等。

更可气的是，南京国民政府在日本咄咄逼人的侵略挑衅面前，步步退让。日本帝国主义因之气焰日盛，1935年11月更是策划在平郊通县成立"冀东防共自治委员会"，统辖通县、香河、三河、密云、昌平、怀柔、兴隆、顺义、平谷、宝坻、宁河、蓟县等22县。殷汝耕发表宣言公开脱离南京国民政府，大片国土实际上沦落日军之手。

"华北之大，已经安放不得一张平静的书桌了"

1935年12月9日，一场由中国共产党领导的、以青年学生为主体的抗日救亡运动在古都北平爆发。这一天上午10点30分，东北大学、北平大学法商学院、中国大学、北平师范大学、民国学院、市立女一中、师大女附中、艺文中学等10多所学校的1000多名学生齐聚新华门，高举旗帜，手持标语，高呼抗日救国口号，向政府请愿。他们推选中国大学、东北大学和北平师范大学等校的12名学生为代表,要求面见何应钦,并提出六点要求:(1)反对华北成立防共自治委员会及类似组织;(2)反对一切中日间的秘密交涉,立即公布应付目前危机的外交政策;(3)保障人民言论、集会、出版自由;(4)停止内战,立刻准备对外的自卫战争;(5)不得任意逮捕人民;(6)立即释放被捕学生。

何应钦避而不见。于是学生们高喊"打倒卖国贼!""请愿不成,我们示威游行去!"等口号,示威的队伍从新华门出发,沿西长安街经西单、西四、护国寺、地安门、沙滩至王府井大街。行进中,队伍不断扩大。中法大学、弘达中学、北平大学医学院、市立十七中、河北高中、汇文中学、镜湖中学、孔德中学、竞存中学、

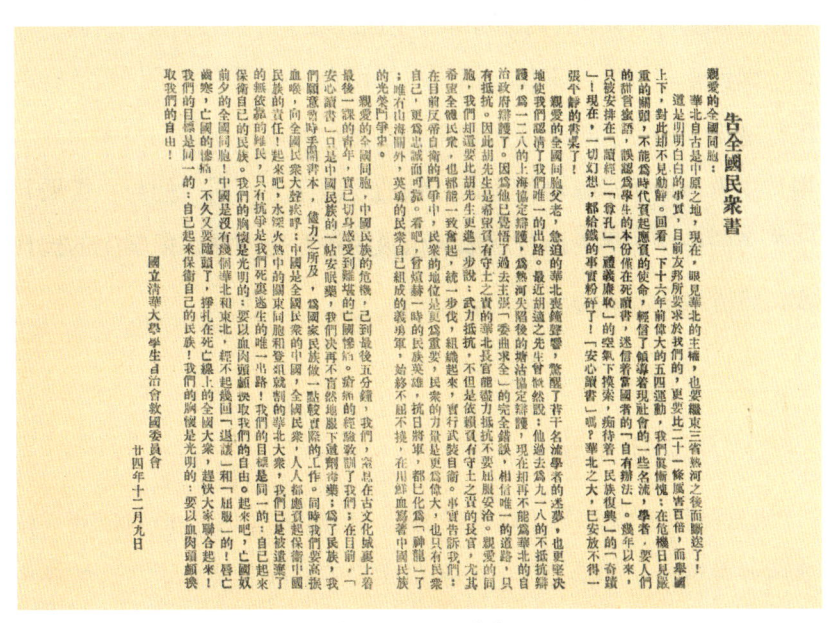

12月9日在游行队伍中散发的《告全国民众书》

精业中学等校的学生纷纷赶来加入游行示威队伍。当队伍抵达王府井大街时，已扩大到四五千人。参加这次运动的不仅有北平大、中学校学生，还有北京大学教授许德珩、中国大学教授吴承仕等人，以及在燕京大学任教的埃德加·斯诺夫妇。

这时在西直门外，还有一群学生就地召开群众大会，进行抗日宣传。原来他们是抱着同一目的而来的清华大学、燕京大学的学生。按照计划，近千名爱国学生清晨5点钟起床，冲破校门外警察的阻拦，直奔西直门，欲与城内的队伍会合。当队伍到达西直门时，城门已被军警关闭不得进入。游行队伍取道阜成门、西便门，情况也是如此。他们多次交涉，但均未获准，于是清华、燕京等校的请愿队伍就在城门下集会。清华学生陆璀等拿着扩音筒，向附近居民和守城军警说明国家危亡的形势和学生们的要求，一直坚持到傍晚。

国民党当局攘外不行，镇压本国民众却是行家里手。当游行队伍行进至王府井大街南口时，军警已是严阵以待，他们用大刀、木棍、皮鞭和消防车，对付手无寸铁的爱国学生。同学们与军警展开了英勇的搏斗。尽管游行示威队伍最后被军警冲散，但学生的抗日救亡热情丝毫未减。

一二·一六主会场

当得到国民党当局不顾人民反对，仍然决定12月16日成立"冀察政务委员会"的消息后，一场更大规模的战斗展开了。这场战斗的主战场在永定门前的天桥。

一二·九运动中陆璀手持扩音筒向学生和市民群众讲话（《大众生活》第 1 卷第 6 期封面）

12 月 16 日，一场声势浩大的抗日救亡大示威开始了，由一万多名爱国学生组成的示威游行队伍分为四个大队，从北到南，从东到西，浩浩荡荡地行进在北平的大街小巷。

第一大队由东北大学率领，经顺承郡王府、锦什坊街、闹市口、石驸马大街，一路上会合北平大学工学院、第三中学、平民中学、北平师范大学文学院、民国学院、民国学院附中、北平师范大学附中、镜湖中学、北平大学商学院的队伍，于上午9时抵达天桥。

第二大队由中国大学率领，包括弘达中学、北平师范大学数理学院、北平大学法商学院、北平大学医学院等，由西单出发，经宣武门，于9时许顺利抵达天桥。

第三大队由北京大学率领，联合贝满女中、育英学校先至北新桥与东北中山中学、求实中学等校会合，然后由鼓楼经地安门、景山西街向南长街进发，沿途与两吉中学、竞存中学、河北高中、辅仁大学、中法大学、精业中学、温泉中学、华北中学等校学生会合。至南长街时，队伍已扩大到近两千人。队伍冲破军警在南长街口和西长安街用水龙、铁棍、大刀、木棒、皮鞭设置的封锁线，11时许抵达天桥。

第四大队是由清华大学率领的城外各校。清华大学、燕京大学的千余名学生吸取了教训，这天一早，便步行到西直门。军警已有准备，紧闭城门。游行队伍绕行阜成门，在西便门会合孔德中学、北平大学农学院的学生，将西便门城门木闩撞断，进入城内。此时，北平师范大学的队伍冲出校门，双方会合直奔天桥。

上午11时许，已到达的三个大队的爱国学生和聚集在此的北平工人、农民、市民共三万多人在天桥召开市民大会。人群中旗帜飘扬，"打倒日本帝国主义！""打倒汉奸卖国贼！""反对成立冀察政务委员会！"的口号声此起彼伏。大会开始时，让东北大学流亡学生宋黎讲话。宋黎觉得自己的声音小,乃推举北京大学学生黄敬发言。黄敬站在一辆电车上,由宋黎和另一个同学扶着他。黄敬声音洪亮,慷慨激昂,从坚决反对成立"冀察政务委员会"讲到要求停止内战、一致对外,收复东北失地,争取抗日和爱国自由,并带领群众高呼抗日口号,得到与会者的热烈响应。这位共产党人救

黄敬在宋黎的帮扶下站在北平天桥电车上演讲

国救民、奔走呼号的英姿,被参加游行的人员拍摄下来,永远地留在了历史和人民的记忆当中。

天桥市民大会通过了反对成立"冀察政务委员会",反对华北任何傀儡组织,要求停止内战、一致对外,收复东北失地,争取抗日和爱国自由等议案。会后,一万多名爱国学生转向前门进发。不料大批军警和保安队在前门阻截,不准队伍入城。爱国学生即在前门火车站广场举行第二次市民大会,又派代表与军警交涉,要求打开城门。

军警只答应让部分学生从前门进城,黄敬率北京大学、中国大学、精业中学、河北高中同学刚入城,前门的城门马上关闭了。城外绕道和平门、宣武门的学生遭到军警挥刀舞棍的驱赶和毒打。由

红迹 | 绵延赓续

一二·九运动期间的游行队伍

前门入城的学生走到西单绒线胡同西口时,被大批全副武装的军警挡住了去路。深夜里,手持大刀、铁棍、木棒的军警向学生扑打过来,数十名学生被军警砍伤,在一二·一六大示威中,全市学生共有22人被捕,300余人受伤。

但一二·九运动的火焰没有熄灭,在中国共产党的领导和号召下,由北平爱国学生首倡,迅速席卷全国的一二·九运动,极大地促进了中国人民的觉醒,标志着中国人民抗日民主运动新高潮的到来。

在那个民族危亡的时代,永定门看到的是不安定、不平静的国势和社会,看到的是日本的飞机在上空盘旋,异国的军人在城楼下耀武扬威。在那个民族危亡的时代,永定门更见证了不甘受辱的北平人民、北平学生满腔的爱国热忱和一颗颗不愿做奴隶的倔强的心!

名宅掩护交通站
——中共的秘密交通站刘公馆

典雅的阅微草堂

北京的许多名宅都有传奇的故事，讲述着特定的历史、人物、文化、精神和品格。位于西城区珠巾口西大街241号的刘公馆，就是这样一座名宅。

刘公馆老宅坐北朝南，有两进院落。第一进院原有广亮大门一座，已拆除。现有正房三间，屋面及装修均经过改建，南檐墙在现代被改为仿欧式风格。第二进院正房面阔五间，为纪晓岚当年的书房阅微草堂。现前院门前有一株存活300多年的紫藤，后院有棵老海棠树，都是阅微草堂当年的旧物，据说均为纪晓岚所植。

往上追溯，这座宅子始建于清雍正年间，原为岳飞第二十一代孙、清雍正时期川陕总督岳钟琪的府邸。清乾隆年间，纪晓岚的父

刘公馆

亲进京，买下了这座宅子，于是成为纪家私宅。

纪晓岚，名昀，直隶献县（今河北省献县）人，清朝著名学者，生于清雍正二年（1724）六月，卒于清嘉庆十年（1805）二月，历雍正、乾隆、嘉庆三朝，享年82岁。纪晓岚出身书香门第，自其上推七世，都是读书人。他才华横溢、文思敏捷、勤奋好学、博古通今，少时即有"神童"之称。清乾隆十二年（1747）乡试中解元，清乾隆十九年（1754）中进士，后入翰林院。清乾隆三十三年（1768）因获罪谪戍新疆，于沿途积极与当地人交流，写了不少笔记，后整理成册，即为著名的《阅微草堂笔记》。乾隆三十八年（1773），受命为《四库全书》总纂官，因此一生悉付、惨淡经营，历13年《四库全书》大功告成，篇帙浩繁，分经、史、子、集四部，凡3503种，79337卷。

纪晓岚在北京阅微草堂的生活分为两个阶段，一是从11岁到39岁，二是从48岁到82岁，前后共计62年。纪晓岚去世后，因纪家在珠巢街还有宅院，纪氏子孙便将此宅陆续分割出赁，以后此院几经转卖，曾有黄安涛等人居住使用，数易其主。

身世不凡的公馆主人

时光转换，1928年9月，北洋政府议员刘少白举家迁往北平，租住该院，时称"刘公馆"。

这刘少白是何许人也？

刘少白，清光绪九年（1883）出生于山西兴县黑峪口村一个地主家庭，清光绪二十九年（1903）参加科举考试。科举废除后，22岁的他考入太原府中学堂，3年后入山西大学堂学习法律。1911年他在学校里参加辛亥革命，参与组织山西的起义活动，1912年当选为山西省临时省议会议员，后回到大学学习，1918年毕业。1919年五四运动后，刘少白开始接触包括马克思主义在内的各种新思潮。1922年至1928年，他在任太原阳兴中学董事、山西省立工业专门学校秘书长兼国文教员期间，向学生灌输民主革命新思想。

1927年4月，国共合作的大革命失败。1928年，刘少白支持大女儿、共产党员刘亚雄赴莫斯科学习。次年，刘亚雄回国，先后任中共江苏省委宣传干事、中共中央组织部组织科科长、中共顺直省委秘书长。她的丈夫陈原道则是顺直省委组织部部长。受到儿女们的影响，刘少白在思想上同情、行动上支持共产党的革命活动。从1930年起，在严重的白色恐怖下，他将自己在北平的寓所——刘公馆作为党中央与中共河北省委的秘密联络站。他利用职务之便，频繁转送党中央自上海寄给中共顺直省委的文件和活动经费，保障了北方许多革命活动的开展。

除此之外，刘少白还曾冒着生命危险掩护过许多共产党员脱离险境。1931年，共产党员王若飞在绥远被捕后，刘少白通过与傅作义的关系，试图争取释放王若飞，虽然营救没有成功，但也为王若飞争取到狱中条件的改善。刘少白为更好地进行营救活动，加入中国共产党的外围组织——互济会，积极参加营救狱中同志、接济被难家属的工作。

1931年4月,中共河北省委遭到破坏,陈原道、刘亚雄在天津被捕,后被关押在北平草岚子监狱。因为叛徒告密,刘公馆也被敌人盯上。幸亏及时收到警示,刘少白才得以避免牢狱之灾。

刘少白搬走后,1931年,梅兰芳、余叔岩、李石曾、张伯驹等在刘公馆成立北京国剧学会,这里后来又成为"富连成"京剧科班社址。

1932年,刘少白曾上书劝诫张学良支持学生救亡运动。1936年,

"富连成"京剧科班社曾选址刘公馆

1937年西北农民银行发行的五千元纸币

协助中共地下党员刘澜涛进入傅作义部队做兵运工作。

1937年8月,经王若飞、安子文介绍,44岁的刘少白加入了中国共产党。之后刘少白从北平回到太原,积极投身抗日救亡运动。他在家里设立秘密印刷厂,为党印刷材料,又在家乡第二战区民族革命战争战地总动员委员会兴县分会担任经济部部长,负责征集粮草,支援八路军120师开辟晋西北抗日根据地。1937年11月,刘少白把自己多年的全部积蓄拿出来,和一些开明士绅一起创办了兴县农民银行。后兴县农民银行改为西北农民银行,刘少白出任行长,为发展抗日根据地经济、解决军需民用和巩固晋西北抗日根据地发挥了重要作用。西北农民银行发行的纸币被称为西农币。后来,西农币流行于晋西北和内蒙古地区,发行量很大。第一批被刘少白他们用墨迹涂改过的纸币,存世极少,加之伴随着这样一段故事,使得这些纸币成为国内钱币收藏界难得一见的珍品。

三次延安之行

1938年6月,刘少白第一次去抗战圣地延安,在延安他接上了党组织关系,并转道西安购买了印钞用纸。他在延安受到了中央军委总政治部秘书长、统战部部长王若飞的热情接待,并见到了中共中央北方局书记刘少奇。刘少奇说:"要充分利用你有利的社会关系继续开展工作,当好秘密党员,不公开身份,与组织保持单线联系。"刘少白去王家坪见到了毛泽东。一见面,毛泽东就握着刘少白的手说:"我早听若飞同志说过你了。你是前清贡生,又是民国议员,还是秘密共产党员,我毛泽东久仰大名了。"当毛泽东听完刘少

晋西北士绅参观团访问延安合影,前排右起林枫、贺龙、牛友兰、刘少白(右五)

白介绍创办银行的经过后,高兴地说:"好你个刘少白!一席话、一支烟,就从人家士绅们口袋里把钱掏了出来,真不简单啊!你们发放农贷,办纺织厂,推动物资流动,也是好办法呀!"又说:"全党同志都要学会做经济工作,如果我们的战士连饭也没得吃,衣服没得穿,边区人民的生活丝毫没得改善,何言抗日救国?"

为了向各地宣传共产党抗日救亡、持久战、民族统一战线的主张,刘少白还和延安新华书店建立了分销书刊的业务联系。从延安回来后,刘少白为响应中共中央开展大生产运动的号召,带头上山开荒。他每天开荒一分半到两分地,是规定任务的两倍。他倡议广种棉花,并从外地买回织布机,在兴县创办了纺织厂。

1942年5月,刘少白和牛友兰率领晋西北士绅参观团赴延安,这是他第二次去延安。7月9日下午4时,毛泽东会晤了参观团全体成员,他们围桌畅谈历时五个小时,涉及国际、国内形势以及"减租减息""三三制"政策等问题。当毛泽东看到刘少白时,关切地说:"听若飞同志讲,你这次来,还带了三个孩子到延安来上学。而学校方面却讲什么住房困难,不好解决。我一听这话就很不高兴。住房困难是事实,可我们有两只手呀,没住房,可以动手挖窑洞嘛,怎么能把你少白老的孩子拒之门外?"当毛泽东听刘少白说问题已经解决了,才放下心来。

1945年7月中共七大以后,刘少白第三次赴延安。这次,他是来参加解放区人民代表会议筹委会工作的,任筹委会常委和纲领起草委员会副主任。筹委会成立不久,因日本投降,筹备工作停顿。1946年5月下旬,毛泽东在王家坪单独设宴为刘少白饯行。席间,毛泽东说:"蒋介石一心要发动内战,战争可能要打上几年,我们将歼灭其有生力量,最后解放全中国。"毛泽东在谈到中央准备全面实行土地改革的问题时说:"你是党员,可以带个头,把你家的土地献出来嘛!"刘少白回到家乡后,按照毛泽东的指示办了。后来,毛泽东在《晋绥日报》上看到斗争刘少白的报道,气得把报纸扔到地上,指令晋绥分局立即纠正这种极左错误。毛泽东说:"像少白这样的人都被你们斗争了,以后谁还跟我们合作?"

1949年9月,刘少白出席全国政协第一次会议,当选为全国政协委员,后担任山西省人民政府委员、山西省政协副主席、山西省监察委员会委员、抗美援朝华北委员会常务委员、中苏友好协会山西分会副主席等职。他举家迁居北京后,依然十分关心山西的建设事业,曾组织编写山西煤炭资源考察、煤炭安全技术操作、山西矿产开发等资料,对克服浮夸作风、治理水土流失等提出建议,并两次拿出自己的积蓄支援家乡的社会主义建设。

1968年12月,刘少白在北京逝世,享年85岁。

传单飞舞新世界
——新世界游艺场陈独秀被捕

热闹的新世界游艺场

1914年至1918年爆发了第一次世界大战，欧洲列强处于战争之中，因此无暇东顾，客观上给了中国民族资本喘息和发展的机会。一时间，北京地区双合盛啤酒厂、振兴制革厂及面粉、食品、造纸、织布、地毯等大小企业陆续开办。不仅工业如此，北京的商业、金融业一度也有较快的发展。至1919年，北京已开设中国银行、交通银行、新华信托储蓄银行、盐业银行、金城银行、中孚银行、中国农工银行、大陆银行等10余家官商合办和商办银行，还有花旗、麦加利等外商银行。1918年，第一个中国自办的证券交易所也在北京创立，专做中外银行证券交易，后为政府销售债券，每日交易额达数百万元。

北京的建筑业也有了生机，民族资本开始投资用于商业和服务

新世界游艺场

业的房地产生意。清光绪三十二年（1906），清政府实行"新政"，开始在北京香厂一带兴建西式模范市区。辛亥革命后，原有的封建规范、礼仪和等级发生了急剧变化，京城建筑的高度、外观的式样约束减少。又因为受到外来文化的影响，北京出现了一些新型建筑，它们在建筑文化和形式（如楼层、材料、装饰）上，都有了比较大的突破，北大红楼、东方饭店、新世界游艺场就是其中的典型。

1916年，在今香厂路与万明路交会处，效仿上海"大世界"设计，兴建北京新世界游艺场。这是一座由中国商人投资、英国建筑商麦楷包工建造的四层西式洋楼，在楼顶的平台上还建有一个三层的方形尖塔，整个楼房的形状像一艘行驶的轮船。总建筑面积4000平方米。一年后工程完成。1918年2月11日农历大年初一，新世界游艺场正式开业。它的建筑风格在当时新建的一批西式建筑中具有代表性,和不远处的东方饭店遥相呼应,构成了时任北洋政府内务总长兼市政督办朱启钤建造新市区计划的一部分。

新世界游艺场引进上海娱乐场所的经营方式和内容,是当时北京很有特色的商业、娱乐综合大厦。新世界游艺场的一层是剧场和大众娱乐区,购票后可进场任意玩耍;二层和三层分布着商场、电影院、照相馆、戏园子;四层是餐馆;楼顶,也就是五层平台上设有茶座,亦可赏花。楼内加装有电梯。

可惜的是,新世界游艺场的好景不长,由于城南游艺园与其产生竞争,加之自身经营不善,导致游人锐减。1928年国民政府首都南迁不久,新世界游艺场即告倒闭。这里曾作为二次北伐到京的白崇禧部队的兵营,后来又被当作北平犯人收容所。抗战时期,日本驻北平宪兵队在底层设置有水牢。1949年后,此楼先后做过会计学校、建工医院、宣武区教育局、香厂路小学校舍、天桥街道办事处。20世纪80年代中期被彻底拆除,原处建起了居民楼。

像很多经年的物件一样,新世界游艺场随着岁月的剥蚀,早已变得物是人非。唯有五四运动的总司令陈独秀曾经

陈独秀

在此楼顶散发传单的往事，在涉及五四的历史中经常被人提起；他那"白帽西服"的形象，一再地在银幕、荧屏、舞台上得以再现。

向军阀政府开战的宣言

五四运动期间有几个宣言深入人心，起了很大的宣传鼓动作用。

其一是1919年5月4日后传播开来的《北京全体学界通告》（以下简称《学界通告》）和《北京学生界宣言》（以下简称《学生界宣言》），两者内容近似，但文风不同。白话文的《学界通告》由北京大学学生罗家伦起草，而文言文的《学生界宣言》则由许德珩起草。据罗家伦回忆，5月4日上午10时，他在红楼一层的新潮社，有同学推门进来，说是"今天的运动，不可没有宣言，北京八校同学推北大起草"，北大同学命他执笔。"我见时间迫促，不容推辞，乃站着靠在一张长桌旁边。"他注意力非常集中，虽然房间里人来人往，很是嘈杂，但他却丝毫不受影响，近200字的文稿一气呵成。《学界通告》写道：

现在日本在万国和会要求吞并青岛，管理山东一切权利，就要成功了！他们的外交大胜利了！我们的外交大失败了！山东大势一去，就是破坏中国的领土！中国的领土破坏，中国就亡了！所以我们学界今天排队到各公使馆去要求各国出来维持公理。务望全国工商各界，一律起来，设法开国民大会，外争主权，内除国贼，中国存亡，就在此一举了！

今与全国同胞立两个信条道：
中国的土地，可以征服，而不可以断送！
中国的人民，可以杀戮，而不可以低头！
国亡了！同胞起来呀！

北大学生许德珩撰就约600字的文言文的《学生界宣言》，其中说道："我国同胞……岂能目睹此强暴之欺凌我，压迫我，奴隶我，牛马我，而不作万死一生之呼救乎。"

两则宣言同声谴责日本强占中国领土，坚决要求归还青岛，要求惩办北洋政府的三个亲日派官僚——曹汝霖（时任交通总长，订立"二十一条"时为外交次长）、章宗祥（时任驻日公使）、陆宗舆（时任币制局总裁和中日合办的中华汇业银行总裁，订立"二十一条"时为驻日公使）。《学界通告》印了两万多份，在五四当天下午的集会游行时大大地派上了用场，各报纸纷纷引述转载。《学生界宣言》当天没来得及印发，但用在了出发宣誓之时，后也为媒体所报道。

其二就是《北京市民宣言》（以下简称《市民宣言》）。随着北京学生运动在全国的扩展，6月5日，上海工人罢工、商人罢市。6月9日，长辛店的工人也准备举行大罢工。正是这一天，《市民宣言》问世，它出自陈独秀的手笔。《市民宣言》全文如下：

北京市民宣言
中国民族乃酷爱和平之民族。今虽备受内外不可忍受之压迫，

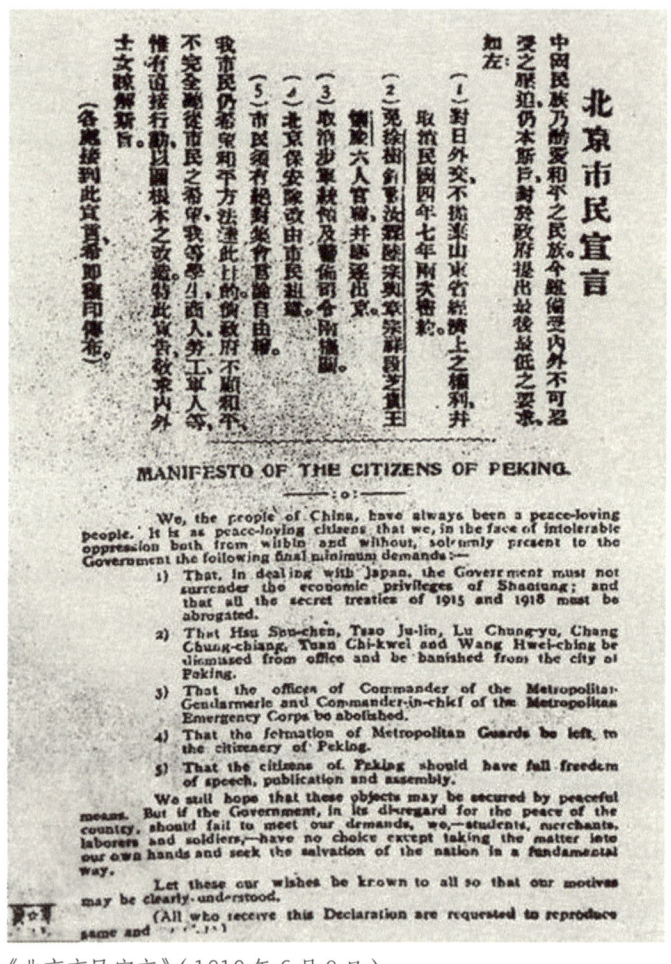

《北京市民宣言》(1919年6月9日)

仍本斯旨,对于政府提出最后最低之要求,如左:

(1)对日外交,不抛弃山东省经济上之权利,并取消民国四年、七年两次密约。

（2）免徐树铮、曹汝霖、陆宗舆、章宗祥、段芝贵、王怀庆六人官职，并驱逐出京。

（3）取消步军统领及警备司令两机关。

（4）北京保安队改由市民组织。

（5）市民须有绝对集会言论自由权。

我市民仍希望和平方法达此目的。倘政府不顾和平、不完全听从市民之希望，我等学生、商人、劳工、军人等，惟有直接行动，以图根本之改造。特此宣告，敬求内外士女谅解斯旨。

《市民宣言》最后还用括号注明："各处接到此宣言，希即复印传布。"希望进一步扩大影响。

《市民宣言》用中文竖排，由右至左。下面同样的篇幅横排有英文的翻译，从上到下，从左到右。虽然有些滑稽，却是那时的标准格式。翻译工作是由胡适完成的。短短一纸《市民宣言》，竟动用了新文化运动几位重量级的"大腕"，可见此宣言在陈独秀等人心目中的分量。《市民宣言》送到北大平时印讲义的嵩祝寺旁小印刷所，很快就印制完成。

《市民宣言》已经写好印好，下一步就是如何传播到市民当中去。

楼顶花园散传单

北京公园不少，可是平时人影稀疏；影院、戏园子也不少，可到里面搅和，效果也不会好。为北京市民讲话，给市民看的宣言，当然应该到各色人等聚集的场所，在这样的季节，理想的地方非新世界游艺场和天桥城南游艺园莫属。

6月11日夜，陈独秀和北大同事高一涵、王星拱、程演生，内务部佥事邓初各带了不少《市民宣言》，分头到新世界游艺场和城南游艺园去散发。由于前一天他们曾经在中央公园（今中山公园）散发过，一切都顺利，因此这次有些大意。殊不知，这一天已经和前一天不一样了。北洋政府10日接到天津总商会关于天津数十万劳动者要求罢工的急电，不得已在10日上午、下午和夜晚，先后下令免去曹汝霖、陆宗舆、章宗祥的职务，为防止学生和民众运动的进一步扩大，又听说有人要在这里投放炸弹，警察厅便加大了在公众场合的警戒力度，新世界游艺场增加了不少右五区警察署便衣警察和步军统领衙门的密探。

将近晚上10时，身着西装、头戴白帽、一派学者风度的陈独秀开始行动了。他认为新世界游艺场一至四层都不高，不适合散发传单，为了有一个好的高度和角度，陈独秀在游艺场一至五层来回跑了好几趟，在这过程中不断地向周围的人分发《市民宣言》。最后他决定从五层的楼顶花园，向下面正在放映露天电影的观众抛撒。这一系列的行动引起了潜藏在游艺场的密探注意，据该密探向上司的报告中说："今晚约八时，在新世界见一白帽西服人，上下楼甚频，且其衣服兜中膨满。即由文牍兼探员秦树勋、李文华跟踪侦伺。至约十时，该人潜往该商场五层楼之西南方黑暗处，其最下即该商场出入之门。手持传单正欲往下扔撒，即由李文华下手逮捕。"当时围捕陈独秀的密探和巡官有六七人之多。据当年跟随陈独秀一起抛撒传单的高一涵回忆说:"我们正在向下撒传单时,屋顶花园的阴暗角落里走出一个人来,那人说也给我一份看看,陈独秀就随手递给他一张。那人看了一看,马上就说'就是这个。'即刻叫埋伏在屋顶花园暗地里的一伙暗探,把陈独秀抓住了。"除已散发出去数十张外,密探和警察从陈独秀身上和携带的黄皮夹子内又搜查出《市民宣言》50多张。一干人等立刻就把陈独秀的头蒙上,簇拥着这个四十出头的中年人往楼下走,押到了右五区警察署。随后警察又搜查了位于北池子大街箭杆胡同9号的陈独秀的家,查获同样的《市民宣言》1000多张,还有《每周评论》《新青年》等一批刊物和文稿。

抓获的是一介书生,找到的只是一些文章、书信。《市民宣言》不是刀枪、炸弹,似乎让密探、警察失望,但他们的主子不这样看。《市民宣言》字字句句都主旨明确,要求坚决,有根有据,直击要害。文中虽说是"最后最低之要求",但在北洋政府看来,这无疑要了他们的命。政府刚刚把曹汝霖、陆宗舆、章宗祥的官职免了,《市民宣言》又提出免徐树铮、段芝贵、王怀庆的职,并要驱逐出京。要知道一部分参与抓捕陈独秀的密探,正是这个就要上任的步军统领王怀庆的喽啰。

特别是《市民宣言》最后声明"我市民仍希望和平方法达此目的。倘政府不顾和平、不完全听从市民之希望,我等学生、商人、劳工、军人等,惟有直接行动,以图根本之改造",更是使统治者倒吸一口凉气。这"惟有直接行动,以图根本之改造"分明是要起来造

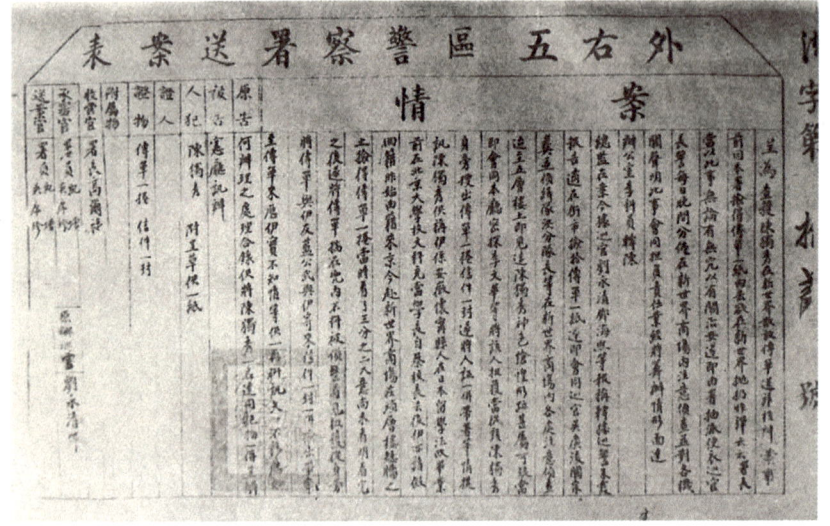

逮捕陈独秀后呈报的《外右五区警察署送案表》

反、夺权,不但学生、商人、劳工参加,连军人也要卷入其中,这还了得!

于是,陈独秀被捕入狱。

陈独秀,被毛泽东誉为"五四运动时期的总司令",他不仅号令新文化的大军,而且身先士卒,在与帝国主义、封建军阀的斗争中,冲杀在第一线。对于狱中的迫害和痛苦,他是这样认为的:"世界文明发源地有二:一是科学研究室,一是监狱。我们青年要立志出了研究室就入监狱,出了监狱就入研究室,这才是人生最高尚优美的生活。从这两处发生的文明,才是真正的文明,才是有生命有价值的文明。"

"你今出狱了,我们很欢喜!"

6月13日,北京《晨报》等媒体向社会披露了陈独秀被捕的消息。14日,上海《民国日报》全文发表陈独秀的《市民宣言》,更扩大了《市民宣言》传播的范围,让学生和各阶层民众看到了五四运动进一步发展的方向。同时,要求释放陈独秀的呼声也越来越高。

15日,北京中等以上学校学生联合会率先致函京师警察厅,提出两点释放陈独秀的理由:"(一)陈先生夙负学界重望,其言论思想皆见称于国内外,倘此次以嫌疑遂加之罪,恐激动全国学界再起波澜。当此学潮紧急之时,殊非息事宁人之计。(二)陈先生向以提

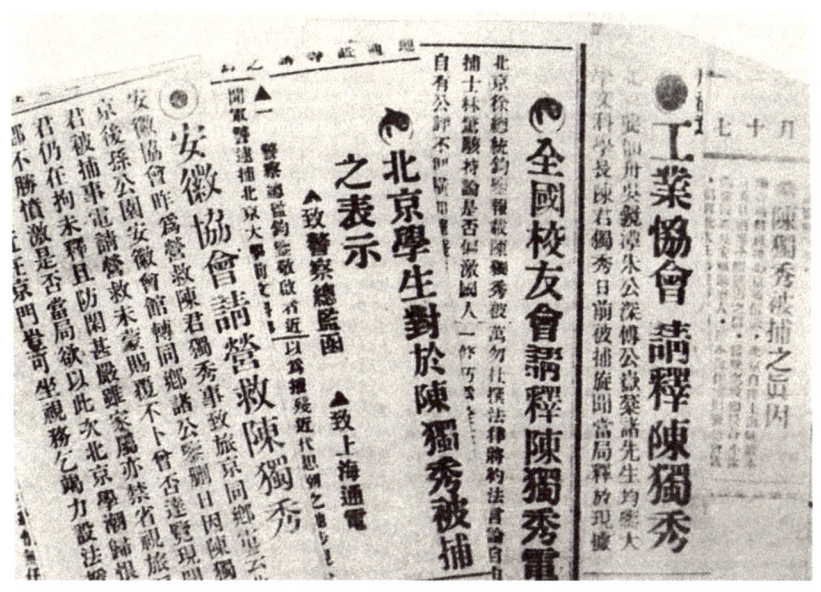

1919年,全国各地报纸刊登的营救陈独秀的电函

倡新文学新思潮见忌于一般守旧学者,此次忽被逮捕,诚恐国内外人士疑军警当局有意罗织,以为摧残近代思潮之地步。现今各种问题已极复杂,岂可再生枝节,以滋纠纷。"《民国日报》发表《北京军警逮捕陈独秀:黑暗势力猖獗》的述评:"当此风潮初定、人心浮动之时,政府苟有悔过之诚心,不应对于国内最负盛名之新派学者,加以摧残,而惹起不幸之纠葛也。"

孙中山在上海得知陈独秀被捕后,痛斥北洋政府说:"你们做了'好事',很足以使国人相信,我反对你们是不错的。""你们也不敢

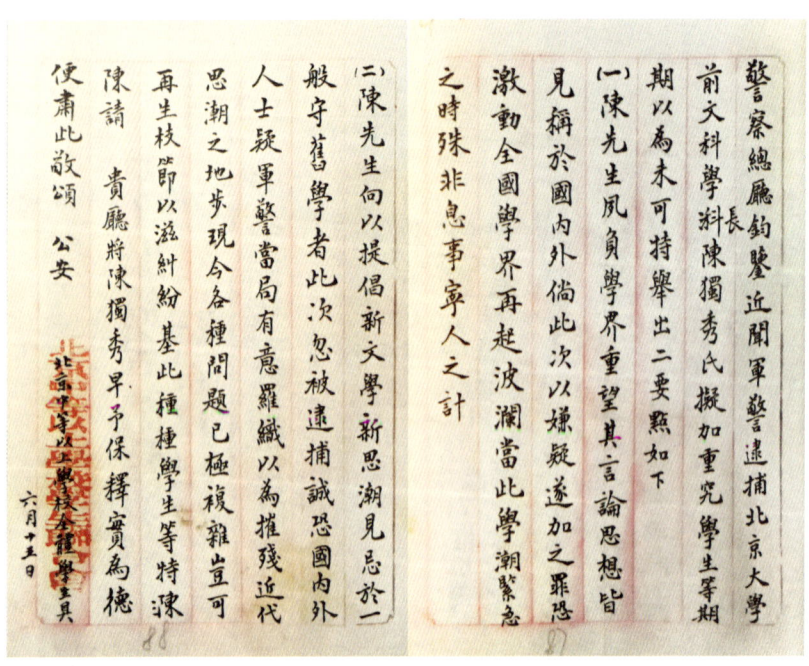

北京学联请愿书

把他杀死，死了一个，就会增加五十、一百个。你们尽管做吧！"

青年毛泽东在《湘江评论》创刊号发表《陈独秀之被捕与营救》，认为"陈君之被逮，绝不能损及陈君的毫末，并且留着大大一个纪念于新思潮，使他越发光辉远大"，军阀政府的所为"不能损及陈君至坚至高精神的毫末"。他在文中高呼："我祝陈君万岁！我祝陈君至坚至高的精神万岁！"

北大庶务主任李辛白在《每周评论》上发表小诗《怀陈独秀》抨击北洋政府："依他们的主张，我们小百姓痛苦。依你的主张，他们痛苦。他们不愿意痛苦，所以你痛苦。你痛苦，是替我们痛苦。"胡适也就陈独秀被捕事件发表短文："爱国爱公理的报酬是痛苦，爱国爱公理的条件是要忍得住痛苦。"

迫于社会舆论和各方营救的压力，1919年9月16日，京师警察厅在坚持陈独秀"以传单煽人为乱，殊属违法"，需"施以惩戒"的条件下，做出了释放的裁决。这时距陈独秀入狱已经98天了。

李大钊为营救陈独秀竭尽全力，得知陈回家后，他在白话诗《欢迎独秀出狱》中欣喜地写道：

你今出狱了，我们很欢喜！他们的强权和威力，终竟战不胜真理。什么监狱什么死，都不能屈服了你；因为你拥护真理，所以真理拥护你。

你今出狱了，我们很欢喜！相别才有几十日，这里有了许多更易；从前我们的"只眼"忽然丧失，如今"只眼"的光明复启，却不见了你和我们首创的报纸！可是你不必感慨，不必叹惜，我们现在有了很多的化身，同时奋起；好像花草的种子，被风吹散在遍地。

你今出狱了，我们很欢喜！有许多的好青年，已经实行了你那句言语："出了研究室便入监狱，出了监狱便入研究室。"他们都入了监狱，监狱便成了研究室；你便久住在监狱里，也不须愁着孤寂没有伴侣。

在狱中，陈独秀忍受着胃病的痛苦，进一步思考在新文化运动、五四运动之后，中国的社会改造以什么为遵循、依靠什么力量、中国如何实现民主和科学、中国向何处去等问题。1920年2月，出狱后的陈独秀在李大钊的护送下，离京赶赴上海。

半年以后，1920年8月，中国最早的共产主义组织——共产党小组，在上海成立。

南下请愿唤出兵
——前门东站北平学生南下请愿示威

新旧之交的火车站

在北京的中轴线上，京奉铁路正阳门东车站可以说是一个新旧之交的代表。它处在新旧之交的环境中，它的近旁是古老的正阳门箭楼、城楼和现代建筑环立的天安门广场，北京人俗称它为"前门东站""前门老火车站"。它处在新旧之交的时间点，前门东站始建于清光绪二十七年（1901），落成于清光绪三十二年（1906），当时是为了保证英、法、俄、日等列强的军需供应。前门东站至今已有百余年的历史，它是中国清王朝、辛亥革命、新中国历史变迁的见证。在形式上，它带有新旧之交的建筑特点，特别是高大的拱形门窗和欧式点缀，尤为清末民初都市平民所喜爱。

前门东站建成后，成了当时全国最大的火车站，中国最大的交通枢纽。车站站房建筑面积3500平方米，站内有三座站台，长度

明信片上初建时的前门东站

377米，候车室总面积达1500平方米。该建筑经历了从清末民初、北洋政府、日伪统治、国民党统治到新中国成立的不同历史阶段，站名从正阳门东站、前门站、北平站、北平东站到北京站，经历多次演变。

1959年9月15日，前门东站东面、崇文门附近新建的北京站开通运营，前门东站完成了它的历史使命，停止使用。20世纪60年代初，原车站被改造成铁道部科技馆，不久又归属北京铁路分局，改建成北京铁路文化宫。20世纪70年代，为了给北京环线地铁让路，正阳门东站以钟楼为中心进行"镜面对称平移"，但车站的建筑外观仍保存欧式建筑风格的历史原貌。前门东站旧址现在编为北京市东城区前门大街甲2号，为中国铁道博物馆正阳门馆。

前门东站现已成为中国铁道博物馆正阳门馆

南下请愿的出发地

1931年,日本通过制造九一八事变,占领了中国东北三省。在中国共产党的号召下,要求蒋介石出兵抗日的呼声一浪高过一浪。在抗日救亡的进军中,前门东站成了引人注目的出发点。

1931年9月下旬,北平学生便开始组织请愿团。到11月底,借着蒋介石曾表示"个人决心北上"的说法,学生们趁机发起"送蒋北上抗日"运动,先后有清华大学等校的1000多名学生为出兵抗日到南京"献剑"请愿。12月3日,北京大学学生南下示威团到达南京,但"示威"二字却引起国民党的极大不悦。南京卫戍司令部将北大示威团的400份《告民众书》全部扣留,要求他们将"示威"二字改成"请愿",并毒打、逮捕了185名学生。

九一八事变后,各地学生汇集南京要求抗日

12月4日下午,北平2100多名学生汇集到前门东站,选出代表找站长交涉,要求用火车送学生去南京。车站的负责人说:"不能马上答复,需请示上级。"学生们等得着急,纷纷挤进站台。不管是开往哪里的火车,陆续都被学生坐满。于是,东站停止卖票,学生所乘的火车一概不开。这时天已经渐渐地黑了,南下总指挥部在车站召开紧急会议讨论对策,决定采取以下措施:一是进行卧轨斗争,以示学生南下决心不可动摇,不送学生去南京,火车就不能动;二是各校学生轮流休息和吃饭,派出纠察队,把住车站大门和警卫学生队伍不致遭受破坏;三是派出学生占领车站办公室、会客室、候车室及其他重要部门。会后学生立即行动。几分钟后,车站上各条铁轨黑压压地躺满了人，车站办公室、候车室、会客室及各要害部门都被学生占领。

12月的北平，晚上寒风凛冽，坐在车中和屋内的学生还觉得有些冷，但露天卧在铁轨上的2000多名学生，凭着一腔热血，没有一个叫苦的。有感于青年学生的爱国热情，市民和商会先后送来饼干、开水，瑞蚨祥等商号送来成捆的毛毯，供卧轨学生御寒。

12月5日下午，又有大同中学、十七中、俄文法学院、农学院、交通大学等十几所学校的学生进入车站，加入了卧轨的行列，为这场斗争增加了新的力量。

一计不成，又生一计。北平铁路局将进出北平的火车改在东便门、永定门、丰台等处进站和始发，弃前门东站不用，企图以此拖垮学生。学生南下总指挥部获悉后，立即派出部分学生分赴上述各站卧轨，致使北（平）宁（沈阳）线、平汉（口）线、平绥（远）线的铁路交通全部瘫痪，斗争范围继续扩大。

6日下午，1000多名学生排成整齐的队伍，到顺承郡王府找张学良，质问他："我们到南京向国民党政府请愿出兵抗日收复失地，你作为东北军的军事长官，为什么不予支持下令开车？你这样做，对得起东北父老和全国同胞吗？"面对学生代表的质问，张学良无言以对，答应立即发电向南京政府请示，并表示一定会满足大家的要求，劝大家先回去等候消息。学生队伍转往国民党北平市党部进行示威，捣毁了市党部的牌子，返回车站。

北平学生的卧轨斗争坚持了三天三夜，严重影响了北平与外界的交通。当局也受到各界舆论的谴责，处境十分狼狈。据说此时有人向张学良献计:"你不如把学生运动这颗'炸弹'送到南京,让蒋介石去处理,岂不'一箭双雕'。"于是,张学良12月7日清晨下令开车。

当卧轨的学生听到这个消息后,精神振奋,20多所大中学校的2100多名学生迅速登上15节车厢。他们高呼"保护民众抗日运动!""去南京要求政府出兵抗日!""中华民族不会亡!""打倒日本帝国主义!"等口号,高唱抗日歌曲,向南京进发。

14日,到达南京的学生分成八路纵队,在大幅横标引导下,抵达中山东路国民政府门前,要求向蒋介石面陈抗日要求,未果。15日,学生们高喊"对日宣战!""保护民众抗日运动",到国民党中央党部示威,结果数十名学生被国民党特务、警卫打伤,13人被捕。17日中午,北平、天津、上海、南京、济南等地3万余名学生,再次聚集国民党中央党部和中央日报社。下午南京卫戍司令部镇压学生,致100多人死伤。示威团学生被武装押回北平。南下示威在揭露南京政府不抵抗政策、唤起人民爱国激情方面,产生了巨大的影响。12月15日,蒋介石被迫"辞去国民政府主席等本兼各职",宣布下野。

接纳八方代表

由于车站的功能,又由于北京的特殊政治地位,前门东站曾经迎送过许多历史上著名的人物。1924年12月31日,孙中山为召开国民会议扶病入京,就是在此下车的。他在这里受到国共两党党员、社会主义青年团团员和各界群众10多万人的欢迎。青年团北京地委将欢迎的大旗竖立于出站口，引导欢迎群众护送孙中山到北京饭店。孙中山即日发表书面谈话和《入京宣言》，庄严宣布，此次来京，"不是为争地位，不是为争权利，是来与诸君救国的"。孙中山抵京，扩大了国共合作统一战线在北方的影响。

1949年2月25日，前来参加中国人民政治协商会议筹备会的民主党派代表和民主人士李济深、沈钧儒、马叙伦、谭平山等35人，从沈阳经天津到达前门东站。林彪、罗荣桓、薄一波、叶剑英、彭真以及北平各界人士100多人到车站迎接，并在前门东站举行了欢迎仪式。之后，将民主人士分别送往北京饭店和六国饭店。

孙中山与宋庆龄经天津前往北京召开国民会议

中华人民共和国成立前夕，从前门东站下车的还有两位贵宾，毛泽东、周恩来在这里亲自迎接。一位是新政协的特邀代表、孙中山夫人宋庆龄，因为北京曾是她的伤心之地，加之身体不好，宋庆龄开始婉拒了中共的邀请，称"我的精神永远是跟着你们的事业"，"将在上海迎接解放，和诸公见面"。考虑到宋庆龄的顾虑，毛泽东、周恩来分别撰写了诚挚的邀请信，由邓颖超送到上海，并由她陪同宋庆龄北上。1949年8月28日,当宋庆龄乘坐的专列抵达前门东站时,毛泽东穿着特意准备的中山装和胶底皮鞋,快步走进车厢,热情地握手问候。25年后重睹正阳门火车站,宋庆龄的悲喜之情可想而知。9月7日晚10时,毛泽东、朱德、周恩来等再次来到前门东站,这一次是要迎接被毛泽东称为"老上司"的原国民党元老、国民党湖南省政府主席程潜。程潜一走下火车,两个人的大手就紧紧地握在了一起。那段时间,频繁出入前门东站的,除了筹备新中国建立的各方面人士外,还有来自苏联等国家的代表团和朋友。从这个角度说,前门东站见证了新中国成立前许多难忘的历史时刻。

慷慨就义为黎民
——从李大钊旧居到京师看守所

生命中最远和最近的距离

李大钊是中国共产党、中国思想理论界、中国近代社会传奇式的人物,他的学问贯通中西,他的影响名垂青史,他的足迹中外留痕。

李大钊从河北省乐亭出发,入天津,渡日本,进北京。1916年到1927年的11年间,他就到过日本的神户、东京、横滨,苏联的莫斯科、列宁格勒。为了革命事业,他上塞北下江南,往返穿梭于上海、南京、广州、郑州、张家口、哈尔滨之间。作为中共北方区委书记,他领导着北京、天津、唐山、乐亭、张家口、正定、北满、大连、太原、保定、绥德、绥远、大名等10多个地委,共有几十个独立支部,党员3000多人。同时,作为国共合作的国民党中央执行委员、北京执行部组织部部长,他还负责领导京、直、鲁、豫等北方15省的工人、农民、学生运动。

红迹 | 绵延赓续

但是，如果我们追随他生命的最后几年，可以看到，他的活动范围是十分有限的。以北京中轴线为起点，大致向东不超过1千米，向西不超过3千米。在这有限空间的许多地方，留下了他生命中最后的光华。用一支红笔连接西城石驸马大街后宅35号（李大钊旧居）、东交民巷29号（苏联使馆西院俄兵营）、天安门广场东北处（京师警察厅拘留所）、西交民巷东段路北（京师看守所），这就是一条革命者的生死线，是一个先驱者的奋斗足迹。

在京生活时间最长的居所

1920年春，李大钊从北新华街回回营2号搬到西城石驸马大街后宅35号（现文华胡同24号）。这是一座三合院，大门坐南朝北，正房三间，东西厢房各三间。正房由东至西依次为卧室、餐室、子女读书处，西厢房为书房和会客厅，东厢

位于文华胡同24号的李大钊旧居

第一辑 一根结绳记事的锦带

房供往来亲友等人居住。院落不大,环境整洁,清幽恬静。这里是李大钊在京居住时间最长的居所。

1920年至1924年,李大钊在此居住期间,经历了北京的共产党早期组织成立与活动的许多重大事件:他与邓中夏、高君宇等秘密成立马克思学说研究会,为建立共产党组织做了思想和干部上的准备;他组织和建立了中国最早的共产党组织之一——北京共产党小组,并使其迅速扩大;他积极宣传马克思主义,结合中国的实际,撰写了大量的理论和时政类文章;他和陈独秀南北呼应,相约建党,促成了各地早期党组织的建立和中共一大的召开;他创办《劳动音》,组织劳动补习学校、工人俱乐部和工会,掀起了中国第一次工人运动的高潮;他担任中共北京区委及北京地委书记,指导北方地区党的工作;他积极主张建立"民主的联合战线",提倡和筹备实行国共合作,迅速壮大了北方的革命力量。

二七惨案发生后,警察多次到他家寻衅。为避免迫害,1924年1月,李大钊一家再次迁居至宣武门内铜幌子胡同甲3号。

在旧俄兵营的坚守及被捕

1926年三一八惨案发生后,北方政治形势日益恶化,李大钊等国共北方领导人遭到北洋政府通缉。3月底,国共两党北方领导机关秘密迁入东交民巷苏联使馆西院俄兵营,继续领导中共北方区委和国民党北京政治分会的工作。

清光绪十一年(1885)《中俄天津条约》签订后,俄国取得驻华公使权,并在北京建使馆。《辛丑条约》签订后,俄国分得太医院、钦天监及兵部、工部的部分土地,并在上面建立兵营。俄使馆和俄兵营一墙相隔,东为使馆,西为兵营,俄兵营里面建有武官府、仓库和兵营若干。1917年俄国十月社会主义革命爆发,俄国资产阶级临时政府被推翻。1927年,苏联使馆继承了俄使馆的产业,但将兵

苏联驻华大使馆正门

营废止,改为民房出租,称为苏联大院。如果把使馆和兵营看作一体的话,该处东为意大利兵营、日本兵营、法国领事馆;南有东交民巷,与荷兰使馆、美国领事馆相望;西隔公安后街马路与京师警察厅、邮政总局相峙;北接英国领事馆和英国兵营。共有土地40余亩、房屋200余间。

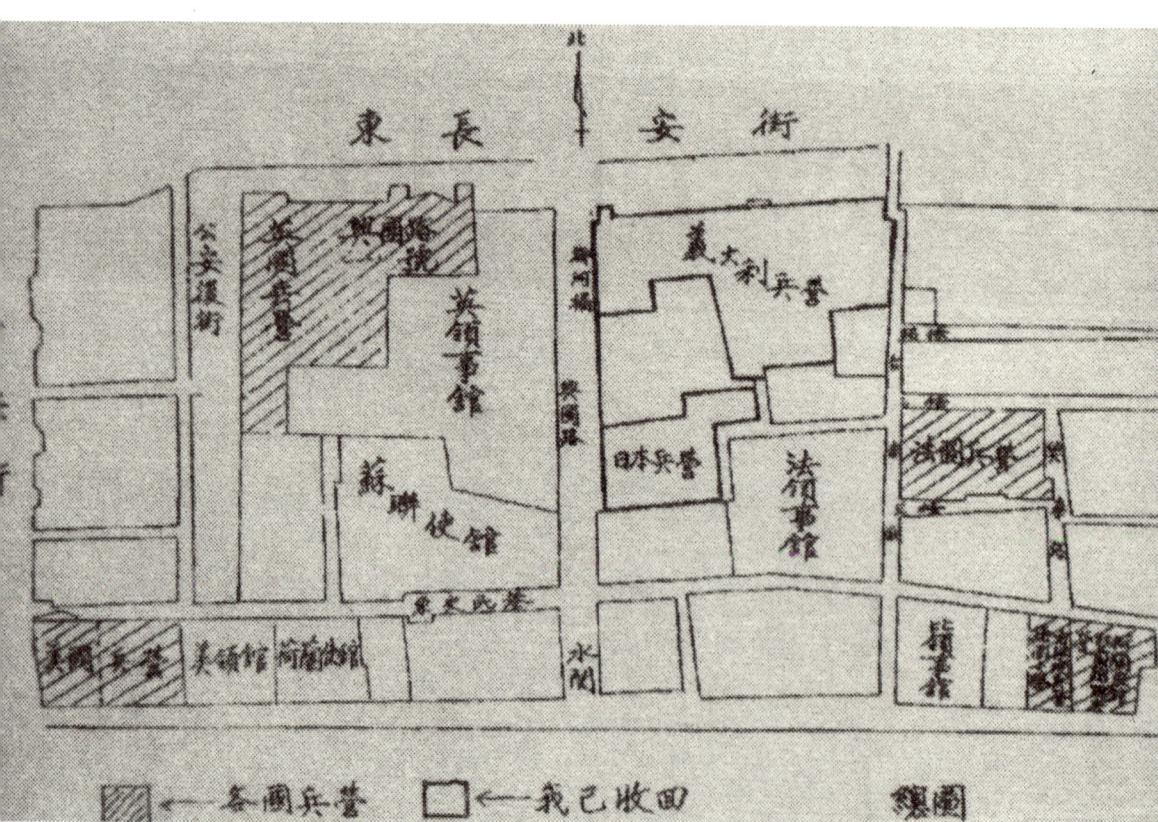

1949年底北京市公安局七分局外事组绘制的东交民巷示意图

第一辑 一根结绳记事的锦带

军警在东交民巷搜捕李大钊等革命者

李大钊及国共两党北方地区领导机关在俄旧兵营内的活动，很快被军阀密探和帝国主义间谍注意到，陆续有机关的同志外出时被捕，形势十分危急。李大钊先后分遣国共两党北方地区领导机关的同志到广州等地区，介绍进步青年南下参加黄埔军校和农民运动讲习所。这些做法一方面为后来的北伐准备了干部和力量，另一方面保护了许多同志的生命安全。

面对越来越逼近的危险，中共中央致信李大钊，要他前往武汉，同志们也劝他赶快离开，但都被他婉言拒绝。他坚持要留在北京，说："我担负北方区的工作任务，我不能离开自己的岗位。"夫人赵纫兰多次劝他离京，他说："要知道现在是什么时候，这里的工作是这样重要，哪里能离开呢？"

1927年4月6日，北洋政府在荷、英、法等帝国主义国家使团

051

的默许和支持下，派遣京师警察厅的军警、宪兵和密探，不顾外交惯例和国际公法，强行闯入苏联大使馆西院的旧兵营，搜查从上午 10 时 30 分一直持续到晚上 7 时多。李大钊、范鸿劼、邓文辉、张挹兰等 80 多人被捕。

羁押李大钊的地方

在旧兵营反复搜查后，军警、宪兵架着被捕者，从兵营及周边的中东铁路办事处、俄款委员会、远东银行里陆续走出来。被捕者的头上扎着白布，一个个被架上门外的汽车，然后呼啸着向京师警察厅驶去。东交民巷运送被捕者及所谓证据物品的汽车接二连三。这些搜检来的书籍、文件、信函及其他物品计有：中共北方区委致天津、太原、绥远、唐山、正定各处函 30 多件，内容是催促工作进程；中共北方区委通告 1 号至 15 号，内容是指导各种宣传方法；共产党宣传马克思主义及鼓动工农群众阶级斗争的各种计划；李大钊等讲演共产主义的教材目录及内容底稿；北京地委 1926 年 9 月、10 月、11 月、12 月工作报告；中共唤起北京市民起来革命之传单；募集北伐捐款收据一本；1927 年 3 月河南共产党工作状况；等等。

京师警察厅在天安门广场的东北角，其实距离东交民巷并不远。被捕的 80 多人中，包括李大钊夫人及孩子，都被关到了这里的拘留所，拘留所不仅关政治犯，还关着不少因各种名目拘捕的百姓和刑事罪犯。

当天下午 2 时，警察即开始审讯李大钊，试图威逼其就范。第二天,警察厅司法处对李大钊进行第二次审讯。在审讯及关押期间,李大钊表现出一个共产党人无私无畏的英勇气概,面对敌人的威逼利诱,他毫不惊慌,"态度尚极镇静"。《晨报》记者报道:"闻李大钊受讯时,直认真姓名,并不隐讳。态度甚为从容,毫不惊慌。彼闻述其信仰共产主义之由来,未谈党的工作,否认对北方有密谋。李被捕时着灰布棉袍,

京师看守所

青布马褂,俨然一共产党领袖之气概。"同一天的《世界日报》则说:"李着灰长袍,青布马褂,满脸胡须,精神甚为焕发,态度极为镇静,自称为马克思学说崇信者。对于其他一切行动,则谓概不知晓。"在审讯中,无论是对过去的事,还是对当时南方革命政府区域的事,他巧妙而机智的回答,使敌人得不到任何秘密和口实,正如有的报刊上所说"李无确供"。为了防止敌人篡改审讯记录,李大钊要求对每次的记录都复核订正,视所谓的司法官为不可信赖的宵小。

在狱中,李大钊写下《狱中自述》,回顾了自己革命的一生,表达了坚定的革命信念和伟大抱负,他慷慨直言:

李大钊被捕后照片

钊自束发受书，即矢志努力于民族解放之事业，实践其所信，励行其所知，为功为罪，所不暇计。今既被逮，惟有直言。倘因此而重获罪戾，则钊实当负其全责。惟望当局对于此等爱国青年宽大处理，不事株连，则钊感且不尽矣！

绽放生命的音响和光华

1927年4月28日上午10时，奉系军阀不顾社会各界的谴责，由安国军总司令部军法处、京畿卫戍总司令部、京师高等审判厅和京师警察厅组成的军事法庭，在警察厅南院总监大客厅里秘密"军法会审"，做出对李大钊、范鸿劼、路友于等20位革命者处以绞刑的判决，并且立即执行。当天下午2时10分，警察厅调集八辆刑车，由警察厅出发，将李大钊等押入车内，直赴设在京师看守所的刑场。

京师看守所位于西城西交民巷东段路北。明清时期，此处为刑部监狱，明嘉靖年间曾关押忠臣杨继盛，留下"铁肩担道义，辣手著文章"的名联。清末，维新派领袖谭嗣同也被关押于此。他在墙壁上留下的诗句"我自横刀向天笑，去留肝胆两昆仑"，让后人唏嘘不已。

李大钊等20人被押解至西交民巷内的京师看守所后，"军警即将李等分押监房，每二人一房，嗣令一一拍照。拍照之后，宪兵及巡警各一人，绑押一犯，送至刑台上绞。刑台分二，同时可上绞两人"。李大钊第一个登上绞刑架，他始终"神色未变，从容就死"，就义时年仅38岁。他用生命实践了自己在《牺牲》一文中说过的话："人生的目的，在发展自己的生命，可是也有为发展生命必须牺牲生命的时候。因为平凡的发展，有时不如壮烈的牺牲足以延长生命的音响和光华。绝美的风景，多在奇险的山川。绝壮的音乐，多是悲凉的韵调。高尚的生活，常在壮烈的牺牲中。"

与李大钊同时遇害的还有国共两党北方地区领导机关负责人范

鸿劫、谭祖尧、邓文辉、谢伯俞、莫同荣、姚彦、张伯华、李银连、杨景山、谢承常、路友于、英华、张挹兰、陶永立、郑培明、李昆、阎振三、吴平地、方伯务。为悼念李大钊，党的机关报《向导》周报发表文章，称李大钊是"最勇敢的战士"，他的名字将为群众"牢记不忘"。5月16日，中共中央及中共湖北区委在汉口举行万人追悼大会。李大钊的生与死，正是"铁肩担道义，妙手著文章"的真实写照。

1949年北平和平解放后，曾绞杀李大钊等烈士的绞架在德胜门外的功德林监狱被发现，作为0001号文物被有关部门接收，现归属

西交民巷京师看守所李大钊殉难地

中国国家博物馆。直接参与抓捕李大钊等人的京师警察厅侦缉处处长吴郁文则在1951年6月被逮捕归案。当年指挥军警宪特闯入苏联大使馆逮捕李大钊的京师警察总监陈兴亚，也于新中国成立后在上海被捕，1959年死在狱中。曾参与杀害李大钊等人的罪犯雷恒成、王振南等相继落网，逐一伏法。

1959年修建人民大会堂时，京师看守所旧址被部分拆除。

万众欢迎子弟兵
——北京和平解放入城式

前门箭楼,老北京的象征

前门是正阳门的俗称,原名丽正门,位于北京城南北中轴线上,是明清两朝北京内城的正南门。前门整体包括箭楼和城楼,由瓮城城墙连为一体,构成了一个完整的防御性建筑体系。前门城楼始建于明永乐十七年(1419),箭楼始建于明正统四年(1439),建筑形式为砖砌堡垒式,城台高12米,门洞为五伏五券拱券式,开在城台正中,是内城九门中唯一箭楼开门洞的城门。前门箭楼规模宏丽,形制高大,为北京城垣建筑的代表作,从它建成的那天起,一直是老北京的象征。由前门箭楼往南是一条笔直的大道,明清至民国时称正阳门大街,百姓则俗称前门大街。道路两侧商户密集,明代出现了鲜鱼口、猪(珠)市口、煤市口、粮食店等集市和街道,著名的大栅栏也在其中。慢慢地前门大街成为北京一条主要的商业街。

清末正阳门箭楼，前景为正阳桥

正阳门因兵燹或失火曾多次被毁,最近的一次是清光绪二十六年(1900),义和团运动中,前门箭楼被焚毁,到清光绪三十二年(1906)才修缮完成。1915年,为交通方便,德国人罗思凯·格尔受北洋政府委托,改建正阳门箭楼,拆除了正阳门瓮城月墙及东西闸门。城楼和箭楼成为独立的建筑。改建后,前门箭楼增加了水泥平座护栏和箭窗的弧形遮檐,月墙断面增添西洋图案花饰,工程于1916年竣工,对箭楼的这些拆除和增添,社会各界褒贬不一。箭楼有一段时间曾经作为国货陈列所、电影院、戏剧游艺社使用。

1949年,前门箭楼又一次目睹了全副武装的军队开进,但它看到的再也不是八国联军洋枪下的骄横,不是日本兵皮靴下的嚣尘。它看到的是王者之师,是中国人民解放军盛大的入城式。

威武仁义之师

平津战役结束后,根据聂荣臻的倡议,决定组织人民解放军进驻北平的入城仪式,时间定在1949年2月3日。

这天是农历正月初六,刚刚度过解放后第一个春节的北平市民,脸上洋溢着发自内心的喜悦,尽管这个季节的天气还很冷,但一大早,古都的主要干道两旁就挤满了人群。前门周围的大街小巷,更是聚集着来自城内外的众多学生、工人和市民。周建人、胡愈之、张奚若、钱伟长、费孝通、李广田、张东荪等教授、学者、民主党派人士、社会名流,也出现在人群当中。箭楼之前欢歌笑语、红旗招展、锣鼓喧天,人们手执旗帜,高呼口号,都抱着一个共同的目的:欢迎解放军进城,亲眼看看人民的军队。

驻扎城外即将参加入城式的解放军部队,同样快乐而又紧张地期待这个时刻的到来。参加入城式的有东北野战军第4纵队一个师和特种兵的六个团。入城之前,部队官兵进行了认真的政策学习,检查了执行群众纪律的情况,每个战士都非常珍惜这个光荣神圣的使命和机

观看入城式的学生

会。入城部队还集中训练了10多天,主要练习入城式队形。参加入城式的大炮、坦克、装甲车、汽车和战士们的服装、武器一样,经过几天的擦拭和清理,全部焕然一新。经过辽沈、平津战役的枪林弹雨,战士们更加珍惜当下的胜利、和平与幸福,做梦都是如何在入城式上展示人民军队的雄姿。

天刚蒙蒙亮,参加入城式的部队就起床,检查发动装甲车、汽车和坦克。7时刚过,部队出发,依次排好队形。

9时许,林彪、罗荣桓、聂荣臻、叶剑英、刘亚楼等来到前门箭

楼东边空地上，彭真、刘仁等北平市委负责人也到了。这一天，前门箭楼在红旗的簇拥和蓝天的衬托下显得更加高大雄伟。9时30分，各位领导同志登上前门箭楼。北平联合办事处傅作义方面的代表郭宗汾、周北峰、焦实斋等也一起出现在前门箭楼上。

这次入城式的总指挥是东北野战军参谋长刘亚楼，曾在苏联伏龙芝军事学院学习三年，熟悉各种部队行进、校阅形式，因而对入城式的方式和效果胸有成竹。

10时，4颗信号弹升上天空，庄严隆重的入城式开始了。

参加入城式的解放军战士军装整齐，部队武器精良。入城队伍按照军乐队、装甲车、坦克、炮兵、骑兵、步兵的顺序排列。队伍从永定门入城，沿着永定门大街、前门大街，浩浩荡荡、威武庄严地向前行进。排头部队高举着毛泽东主席和朱德总司令的巨幅画像，军乐队演奏的进行曲铿锵有力。随后是机械化部队、骑兵部队、步兵部队，络绎不绝，秩序井然。

装甲先导车上插着一面红色指挥旗，引导着装甲车队，一条直线似的慢慢行进在两旁站满欢迎群众的前门大街上。北平人民夹道欢迎，高呼"中国共产党万岁！""毛主席万岁！""人民解放军万岁！"，高唱"我们永远跟着你走"，歌声、欢呼声此起彼伏。很快装甲车队就被欢迎的群众包围起来，学生们兴奋地爬上装甲车，在车上贴标语："你们来了，我们很快乐！""真光明呀！""同志们，加油呀！彻底消灭国民党反动派！"……坦克隆隆地开过来，欢迎的人群沸腾了。懂得些军事装备知识的人，一边高兴地呼喊着"天亮了！""解放了！"等口号，一边大声地向周围的人介绍坦克的国别、

1949年2月3日,以"庆祝华北解放"卡车为前导的入城式开始

型号和功能。

当大卡车拖着我军缴获的美造、日造大炮开过来时,欢迎的人群又拥上前去,一边高呼口号,一边爬到大炮上贴标语,标语贴完了,就用粉笔在炮上写"庆祝北平解放!""欢迎解放军!""解放全中国!"。青年学生争先恐后,热情地和解放军战士握手,有的干脆骑到炮身上,上不去车的人,围着大炮扭起了秧歌。参加入城式的骑兵和步兵部队由"暴风雨式部队"和"塔山英雄部队"组成。一些身挂奖章的战斗英雄,被人们热烈地簇拥着、赞誉着。解放了的民众以各种各样的方式,表达对子弟兵的爱戴与欢迎。

"北平入城式是三年半战争的总结"

入城部队在群众的夹道欢迎和口号声中，浩浩荡荡、威武庄严地行进，经过前门，向东转入东交民巷。这条路线是有意安排的。东交民巷，这个自清光绪二十七年（1901）签订《辛丑条约》以来一直被帝国主义霸占的"国中之国"，从今天起，列强在这里耀武扬威的日子一去不复返了。回想当年，1919年五四爱国运动的学生抗议队伍，就是在东交民巷路口受阻，不得进入。30年后，东交民巷终于回到人民手中，年轻学生与解放军战士们一起，高唱着革命歌曲，昂首阔步、扬眉吐气地通过了这片过去的"禁地"。有的市民感慨地说："这口气可喘过来了！"还有的说："我们老百姓有了这样强大的武装，任何反动派也不敢欺负我们了。"

钢铁般的队伍隆隆驶过使馆区，大杀了帝国主义分子的威风，大长了中国人民的志气！当部队通过美、英等国家使领馆时，里面门窗紧闭，使馆人员躲在玻璃窗后向外窥探，有的还偷偷拍照。入城部队穿过东交民巷的安排，具有深刻的历史意义。

入城部队从东交民巷东口出来向北，经崇文门内大街、东单牌楼、东四牌楼、北新桥、太平仓，与另一路从西直门入城的部队会合。再折向南行，经西四牌楼、西单牌楼、西长安街、和平门、骡马市大街，下午5时由广安门出城。

这次入城式，在全国和全世界都引起了强烈反响。2月4日，《人民日报》（北平版）以《二百万人民狂欢中 解放雄师昨举行入城式》为题做了详细报道。外国通讯社当天由北平发出的电文稿称："中国人民解放军入城，规模空前未有，士气十分高涨，装备异常精

参加入城式的部队通过正阳门

人民解放军坦克部队通过东交民巷

良,实为一支强大的有战斗力的部队。""中国革命方兴未艾,南京当局大势已去。"

一个月后,毛泽东在中共七届二中全会谈到这次入城式时指出:"北平入城式是三年半战争的总结,北平是全国打出来的。入城式是全部解放军的入城式。"这个评价是实事求是的。北平入城式的进行,解放战争带来的翻天覆地的变化,给人民以极大的鼓舞,给帝国主义、封建主义、官僚资本主义的统治以巨大的震慑,其意义在当时、在历史上都是难以估量的。

第二辑

一通晶莹洁白的丰碑

天安门前千步廊　盛锡珊绘

广场风雨三十年
——从 3000 人的抗议到 30 万人的欢庆

反帝反封从此出发

1919 年 5 月 4 日是星期天，下午 1 时左右，天安门前的广场沸腾起来。北京高等师范学校、北京大学等 13 所大中专学校的 3000 余名学生会聚在一起，他们手持各式各样的旗子，上面写着"取消二十一条""外争主权，内除国贼""拒绝和约签字"等字样，人人义愤填膺，个个神态肃穆，都是一派声讨卖国行为的架势。那时候的天安门广场远没有现在这么宽阔，这么多的学生及围观的市民，声势已然不小。

天安门广场位于天安门以南，处在北京城的南北中轴线上，南北两端为正阳门和天安门。明、清时期，天安门广场是皇城正门前的宫廷前院，广场三面筑有红墙，三面各有一座门，东为长安左门、西为长安右门、南为大明（清）门。大明（清）门为明、清两代皇

1919年5月4日，北京13所学校3000多名学生在天安门前集会

城第一门。八国联军侵占北京后，天安门广场沦为牧马屯兵之所、耀武扬威之地。辛亥革命后，天安门广场得以解禁。

这次学生们在广场集会，是因为前一天传来消息：德国在中国青岛的权益要转手交给日本了！中国作为第一次世界大战的战胜国，怎么这么窝囊？不行！我们要有所行动！到天安门去，"抗议列强在巴黎和会上针对中国问题的决议，要求政府惩办亲日派官员曹汝霖、章宗祥、陆宗舆"成了大家的共识。学生们连夜撰写宣言，印制传单，制作标语和旗帜。于是天安门广场集会上，一副北京高师学生在巨幅白旗上书写的"挽联"格外引人注目："卖国求荣，早知曹瞒遗种碑无字；倾心媚外，不期章惇余孽死有头。"下署"北京学界挽卖国贼曹汝霖、章宗祥遗臭千古"。集会上，有人发表演说，有人高喊口号。

口号喊了，演讲结束，学生们决定先到东交民巷各国公使馆前表达中国人民的要求，再到总统府请愿。游行队伍从天安门出发，南出中华门，折往东南方的东交民巷，在巷子的西口，游行队伍受到军警阻拦，经反复交涉，依然不许大队通行。于是学生派出代表，向各使馆逐个递交请愿书。但除美国使馆外，英、法使馆连人都没有出来，放出话来：今天是礼拜天，使馆人员都放假了，没有人。感到屈辱的青年学生，情绪激昂，决定改道直奔赵家楼胡同曹汝霖家，找那个卖国贼算账。下午4时左右，浩浩荡荡的游行队伍

五四运动期间被逮捕的北大学生

来到曹宅门前，只见大门紧闭，数十名警察在门外把守。学生们高呼"卖国贼曹汝霖快出来"，并将标语和旗子扔进院内。北京高师学生匡互生看到院墙上有一个镶着玻璃的小窗，便跳起来砸碎玻璃，爬进院内打开大门。学生们像潮水一样拥入曹宅。曹汝霖闻声躲了起来。正在曹宅的另一个卖国贼章宗祥被学生认出，挨了一顿痛打。一气之下，学生们放火烧了曹宅。大批军警闻讯赶到后，将北大学生许德珩等32人逮捕。爱国运动如燎原之势，迅速扩展至全国20多个省区的100多个城市。最终，曹汝霖、章宗祥、陆宗舆被罢免，中国代表拒绝出席巴黎和会签字仪式。

由天安门广场集会开始的五四运动，标志着中国新民主主义革命的开端。

声援五卅摆战台

1925年5月，上海接连发生内外棉七厂日本资本家枪杀工人顾正红及5月30日英国巡捕在南京路上开枪打死工人、学生13人，伤数十人的五卅惨案。消息传到北京后，北京工人及各界民众积极声援上海工人的斗争。

1925年6月10日，北京数万人齐集天安门广场，召开反对英、日帝国主义残杀同胞雪耻大会，到会的有150多个团体。与会者相望于道，天安门前摩肩接踵。大会开始，与会者向死难同胞默哀5分钟。在上海工界代表报告英、日巡捕残杀同胞的经过时，与会者高呼："为死难同胞报仇！报仇！报仇！"大会通过了《北京国民大会宣言》，以及要求收回英国租界，驱逐英国公使、领事，责成英国赔偿损失，废除中国与英国间一切不平等条约等21项提案。随后与会群众举行示威游行，由天安门起，经煤市街南口、西珠市口、正阳门大街、户部街、东长安街、崇文门、西总布胡同、外交部街，直至铁狮子胡同的段祺瑞执政府，游行群众冒着大雨，行进10余千米。

6月25日，中共北京区委与国民党北京执行部、北京各界雪耻大会、全国妇女联合会、电车工人雪耻会等200多个团体30万人在天安门广场悼念沪汉被难同胞。

6月30日，北京反帝大联盟、马克思主义学说研究会、国民党北京执行部和国民外交后援会等500多个团体数十万人，冒着

北京各界民众在天安门前集会声援上海五卅运动

酷暑在天安门广场举行全世界被压迫民族国民大会。会场上搭了五座讲台,宋庆龄、刘清扬、徐谦、陈和铣、于右任分别担任各台主席。国民军大刀队队员手持大刀及"拼命雪耻""努力奋斗""誓死不变"等旗帜,在会场四周保护。德国、印度、韩国、日本、土耳其等国际后援会及工会代表在会上发表演讲,声援中国人民。会上,"全世界被压迫民族团结起来""打倒帝国主义""打倒军阀"等口号响彻云霄。伟大的五卅运动,揭开了中国第一次大革命高潮的序幕!

天安门广场曾经发生过多次具有深远影响的重大事件。除前面提到的1919年的五四爱国运动和1925年的声援上海五卅运动大会外,还有1926年3月18日的反对八国最后通牒国民示威大会、1947年开展的"反饥饿、反内战、反迫害"的五二〇运动、1949年的开国大典等。天安门广场见证了北京人民的牺牲与胜利,见证了中国人民不屈不挠的革命精神和大无畏的英雄气概。

广场与机场的选择

新中国成立后,天安门广场成为北京的中心广场,是国家重大节日庆典活动和政治集会的主要场所。

在人们的印象中,开国大典在天安门举行是必然的,没有第二个选择。但是,历史并不是这样简单,在开国大典举行的地点上,还曾经有过另外一种选择。

让我们看看当年的决策过程。

1949年8月15日，开国大典阅兵总指挥聂荣臻和华北军区政治委员薄一波联名报送中央军委的《关于部队参加阅兵的请示报告》，对阅兵地点（开国大典举行的地点）是这样考虑的：

根据北平地形，对检阅地点，拟定以下两个方案：

第一方案，在城里天安门举行，……

此方案的优点：1.领袖、军队、群众结合很好，场面雄壮热烈，庆祝意义及影响大。2.阅兵台利用天安门城楼，壮观宽阔，可容全体政协代表及陪阅人员等。3.部队便于集中，阅兵后部队由东向西，继可向南向西能迅速离开市区（因道多）。

缺点：1.天安门前路狭，只能横排行进。步兵八路纵队，骑兵三路纵队，装甲部队二路纵队，不能按正规行分列式。2.街市繁华，该处当日之交通影响断绝四小时（但可以两侧绕行交通）。

第二方案，在西苑飞机场检阅及行分列式。

此案的优点：受地形限制较小，可行正规检阅及分列式。

缺点：1.地区偏僻，群众不易参加，表现太单纯。2.没有阅兵台，由于陪阅及代表多，必须搭大而坚固的台子两三个，工程较大。该地场面也不雄壮。3.部队集中路远（四十至八十华里），坦克远程赶来机械燃热，易生故障。4.场面小（只能利用飞机滑道），部队较拥挤，且出场道路仅一条，离开机场需时较长。

在开国大典各项议程、仪式中，阅兵是一项重要的内容。阅兵式地点的选择，在很大程度上决定着开国大典举办的地点。

请示报告经中央军委讨论研究，形成《阅兵典礼方案》报中共中央，这份方案依然把天安门广场和西苑飞机场作为开国大典地点的两种选择。经过多方征求意见，9月2日，开国大典筹备委员会主任周恩来批示："日期在闭幕及政府成立之时。地点以天安门前为好。时间到时再定。检阅指挥员由聂担任，阅兵司令请朱总司令担任。"一锤定音，明确了典礼的时间、地点和阅兵指挥员。从此，天安门及天安门广场的政治地位更加凸显。

新中国　新面貌

辛亥革命之后，天安门发生了明显的变化。1914年5月，朱启钤启动改造旧都城计划，拆除了天安门前的千步廊，修筑沥青路等，原本封闭的宫廷广场变成可自由穿行和逗留的开放空间，威严、神秘的皇权被消解。朱启钤此举，开始把天安门广场改造成为现代意义上的广场。

北平和平解放后，天安门广场曾多次进行较大整修。1949年3月，为迎接新中国的诞生，市政府决定在全市开展清除垃圾的大扫除运动。昔日的天安门广场、故宫内外垃圾遍地，有的垃圾从明朝起已经堆积300余年。有的垃圾堆积到屋顶、城墙，有的堵塞了胡同口和街口。改变城市面貌是一项大工程，叶剑英市长像指挥战斗一样，亲自做大会动员。党、政、军领导人带头，全市各界、各区直至街巷、机关、单位都设立工作机构，发动群众清运遍布城内的垃圾。经过近一年努力，将陈年的垃圾、粪便60余万吨全部清除完毕，使古都面貌焕然一新。

天安门广场位于北平城市的中心，可是天安门城楼年久失修，广场面积狭小，坑洼不平，杂草丛生。1949年新中国成立之初，毛泽东、周恩来就提出要"让天安门广场建设成为人民最喜爱的地方"。1949年8月，北平市第一届各界人民代表会议决定整修天安门广场，随后市政府提出包括五个部分的修整计划：（1）在天安门前、东西三座门之间进行清理和扩建工程，清除广场地区多年遗留的渣土和障碍物，开辟、平整、碾压出一个能容纳16万人，面积5.4万平方米的大广场；（2）修缮天安门城楼作为主席台，清除城楼顶上杂草，粉刷城楼和广场四周红墙；（3）修建升国旗的设施，建设高22.5米的升降国旗的旗杆一座；（4）修补天安门前、东西三座门

整修中的天安门广场

红迹 | 绵延赓续

之间的沥青石渣路面1626平方米；（5）植树、栽花、种草，绿化美化广场环境。修整工程必须在9月底以前全部竣工。为了完成这项光荣艰巨的政治任务，首都各界一致行动，全力以赴，争先恐后地为新中国的诞生做贡献。市政建设工人发挥聪明才智，6000多名青年团员和学生争做先锋，各界群众积极开展义务劳动，迎接开

天安门广场

国大典的第一次广场整理工程全部按期竣工。

此后,经过多次大大小小的建设和改造,天安门广场逐渐形成了现在的格局:北起天安门,南至正阳门,东依中国国家博物馆,西靠人民大会堂,南北长880米,东西宽500米,面积达44万平方米,可容纳100万人举行盛大集会,是世界上最大的城市广场。

伟绩丰功堪仰止
——万众瞻仰毛主席纪念堂

选址

1976年9月9日,毛泽东主席逝世。10月8日,中共中央政治局会议决定保留其遗体,修建纪念堂。

毛主席纪念堂的选址,广泛征集了各方面意见并成立选址设计工作组。选址设计工作组由北京、天津、上海、广东、江苏、陕西、辽宁、黑龙江等八省市选派的优秀建筑师组成。最初选址有临近中南海、昆明湖的"水上日出"方案,有依傍香山、玉泉山的"山顶红星"方案,等等。

经过多次研究,意见集中在五个方案上,其中有三个方案临近天安门,另外两个方案,一个在景山,一个在香山。方案一是参考列宁墓建在红场一侧的做法,纪念堂建在天安门前,但天安门城楼和金水桥之间地方太小。方案二是建在天安门北面端门的位置上,

1976年10月8日,《人民日报》刊登《关于建立伟大的领袖和导师毛泽东主席纪念堂的决定》

但这会破坏故宫建筑群的完整。方案三是建在景山,但会破坏景山的景观且不利游人瞻仰。方案四是建在香山,但是距离北京城区比较远。方案五是建在天安门广场,纪念堂与天安门遥相对望,广场中心是纪念碑,东西又有中国革命博物馆、中国历史博物馆和人民大会堂相称,形成一个完整的广场建筑群。

　　选址设计组最后提出了"毛主席纪念堂建在天安门广场人民英雄纪念碑南"的方案,即毛主席纪念堂建在天安门广场南侧,在不拆除正阳门的前提下,将纪念堂建在纪念碑与正阳门的正中,等距各 200 米，也就是北京中轴线上的原中华门的位置。中共中央批准了这一方案。

形制

毛主席纪念堂建筑和绿地总体占地面积 57200 平方米，南北长 260 米，东西宽 220 米，建筑面积 33867 平方米。纪念堂主体建筑的北门前有东西两组雕塑，东边一组表现的是新民主主义革命的伟大胜利，西边一组表现的是社会主义革命和建设的伟大胜利。纪念堂主体建筑的南门前是表现各族人民继承毛主席遗志、誓将革命事业进行到底的两组雕塑。四组雕塑共有 62 个人物。南门外的 30 面红旗，代表着当时的 30 个省、自治区、直辖市。

纪念堂四周是以苍松翠柏为主的绿化带。树种有北京油松、青岛雪松、桧柏和白皮松，还有 36 株房山红果树、13 株延安青松。

纪念堂的主体建筑是一座正方形大厦，坐南朝北，长、宽各 105.5 米，高 33.6 米，建筑面积为 1 万多平方米，外观为两层。南、北门台阶中间又各有两条汉白玉垂带，上面雕刻着葵花、万年青、蜡梅、青松图案。正门上方镶嵌着写有"毛主席纪念堂"的汉白玉金字匾额。

这座方形建筑基座四周用来自大渡河畔的枣红色花岗岩砌成，基座高 4 米，座上矗立着 44 根 17.5 米高的花岗岩方形廊柱，承托着熠熠生辉的金黄琉璃瓦重檐屋顶，檐间镶葵花浮雕。台基四周环有房山汉白玉的栏板，栏板上雕刻着象征江山永存的万年青。

内设

进入纪念堂北面正门，即是北大厅，大厅宽 34.6 米，进深 19.3 米，高 8.5 米。厅内有 1 米见方的大柱 4 根，顶上玻璃葵花灯 110 盏，地面铺着灰色大理石。大厅中央是汉白玉雕刻的 3.45 米高的毛主席坐像。坐像背后的墙上，悬挂着一幅宽 23.74 米、高 6.6 米的大型绒绣《祖国大地》。北大厅可容纳 700 多人，是举行纪念活动的地方。

由北大厅南侧的金丝楠木大门进去，即是纪念堂的核心部分——瞻仰厅。瞻仰厅正面的白色大理石墙壁上镶嵌着 17 个镏金大字"伟大的领袖和导师毛泽东主席永垂不朽"。大厅正中的水晶棺内，安放着毛主席的遗体，身着灰色中山装，覆盖着鲜红色的党旗。水晶棺距地面 80 厘米，棺床用黑色花岗岩制成，四边分别镶嵌中国共产党党徽、中华人民共和国国徽、中国人民解放军军徽和毛泽东的生卒年月。周围摆放着五颜六色的鲜花。

瞻仰厅之南为南大厅，南大厅为出口大厅，白色的大理石墙面上，镌刻着毛主席手书的《满江红·和郭沫若同志》词。

毛主席纪念堂二层设有毛泽东、周恩来、刘少奇、朱德、邓小平、陈云等老一辈无产阶级革命家的革命业绩纪念室和电影厅。纪念室内展出了大量文物、文献、图片、书信，反映了六位领导人在创建中国共产党、缔造人民军队、创建中华人民共和国、领导社会主义建设等方面的丰功伟绩。在陈列形式上，采用了较先进的制作材料和制作工艺。每个纪念室都设有电视和电子资料触摸屏，可播放展现伟人风采的资料片，调阅反映伟人思想、风范的格言。电影厅放映文献纪录片《怀念》，再现了六位党和国家领导人的音容笑貌

红迹 ｜ 绵延赓续

毛主席纪念堂

第二辑　一通晶莹洁白的丰碑

和他们在革命和建设时期带领全党和全国人民努力奋斗的光辉形象。

情怀

  毛主席纪念堂于 1976 年 11 月 24 日奠基动工，1977 年 5 月 24 日主体工程完工，8 月底全部竣工。

  参加纪念堂工程的建设者，怀着对毛主席敬仰、怀念、哀悼的心情，精心设计、精心组织、精心施工，高水平、高标准、高质量地完成了这一独具民族风格的宏伟建筑。

  纪念堂工程所用材料、设备来自全国各地，有大兴安岭的木材、珠穆朗玛峰的岩石、延安的青松，有来自四川、山东的花岗岩，来自台湾的清水。仅大理石就有江苏无锡奶油红大理石、新疆天山白色大理石、杭州灰色大理石……施工过程中，数以万计的人民群众自愿到工地参加劳动。

  1977 年 9 月 9 日，毛泽东主席逝世一周年时，毛主席纪念堂正式接待国内外来宾和广大人民群众瞻仰毛主席遗容。

  每天前来毛主席纪念堂瞻仰的中外宾客络绎不绝，自 1977 年 9 月始，40 多年来这里接待的全国各族群众和国际友人超过 2 亿人次。纪念堂已成为缅怀毛泽东等老一辈无产阶级革命家的重要场所，成为对广大人民群众特别是青少年进行革命传统教育、爱国主义教育和中国特色社会主义教育的重要基地。

日月同辉永不朽
——人民英雄纪念碑的奠基与落成

庄严的决定

1949年9月,是中国人民解放军向江南、西北迅速进军的时刻,也是一代伟人描绘新中国蓝图的时刻。在这个秋天,在这个收获的季节,有许多关乎未来的大事要研究考虑,有许多具体的事情、规范要立即实行。

工作再忙,有一件事必须要做。它一直萦绕在伟人们的心中,几十年艰苦卓绝的奋斗中一直未曾放下,那就是为所有在争取民族独立、人民解放斗争中牺牲的烈士建一座纪念碑。怀念战友是革命者高尚的情怀,褒奖先烈是激励斗志的源泉。毛泽东说过:"今后我们的队伍里,不管死了谁,不管是炊事员,是战士,只要他是做过一些有益的工作的,我们都要给他送葬,开追悼会。这要成为一个制度。"他动情地说:"无数革命先烈为了人民的利益牺牲了他们的生命，使我们每个活着的人想起他们就心里难过……成千成万的先烈，为着人民的利益，在我们的前头英勇地牺牲了，让我们高举起他们的旗帜，踏着他们的血迹前进吧！"共产党从来没有忘记自己的英雄，在中共六大、七大筹备和会议中间，就有专门的议程，回忆和撰写烈士的生平事迹。

在新中国成立的前夜，1949年9月30日，中国人民政治协商会议第一届全体会议举行第八次大会。在选举中央人民政府委员之后，政协代表一致决定在天安门广场建立一座人民英雄纪念碑，并通过了纪念碑碑文。周恩来说，之所以在天安门广场建纪念碑，是因为天安门广场有五四运动以来的革命传统，同时这里也是全国和世界人民景仰的地方。

随后，毛泽东、刘少奇、周恩来、朱德等领导人及政协全体代表来到天安门广场为纪念碑奠基。此时已是下午6时，周恩来在暮色中致辞：

中国人民政治协商会议第一届全体会议为号召人民纪念死者，鼓舞生者，特决定在中华人民共和国首都北京建立一个为国牺牲的人民英雄纪念碑。现在，一九四九年九月三十日，我们全体代表在天安门外举行这个纪念碑的奠基典礼。

毛泽东宣读纪念碑碑文后，奠基仪式开始。中国共产党首席代表毛泽东和政协各单位的首席代表一一执锹，怀着崇敬的心情为纪念碑奠基石培土。仪式结束后，代表们重回中南海怀仁堂，继续会议的其他议程。

精美的设计

人民英雄纪念碑是新中国第一座大型纪念性当代建筑，它的设计和建造在政治、文化上有着重要的影响和特殊的意义。

为做好这项工程，成立了由北京市市长彭真任主任委员的人民英雄纪念碑兴建委员会，著名建筑师梁思成、艺术家刘开渠负责整个纪念碑方案的制订。为汇集最好的设计思想和方案，兴建委员会决定面向全国征集意见。一年多的时间，共收到文字反馈和设计方案140多份。这些设计的内容丰富，形式各异，其中有亭、台、堂、碑各种式样，有单独的、群体的塑像，有高耸的塔形，也有低矮的园林形。经归纳分类，专家和委员们思想逐渐统一，认为：歌颂人民英雄的崇高形象，表现其伟大功绩，工程应采取高大而挺拔的表现形式。于是放弃各种低矮的方案，而采用高耸类型。同时，将中国传统的碑身形式与碑座上的浮雕结合起来，形成统一和谐的结构。基本的设计思路是：碑身正面是毛泽东书写的碑题"人民英雄永垂不朽"，碑的背面是毛泽东撰稿、周恩来书写的碑文。碑座四周安排八至十幅白色大理石浮雕，反映近代和现代中国人民革命斗争的画面。

可是碑顶要不要设置瞭望台，要不要设置大的塑像，碑身内部要不要设陈列馆，这些问题还需要听取更广泛的意见。于是1951年国庆节前，在天安门广场南端（原中华门附近）陈列了纪念碑的三个设计模型。一个是1∶5的木制模型，基本形式是在有三个门洞的城台上建起高碑；一个模型的高碑上有坡；一个模型的高碑上是群像雕塑。征求意见的陈列持续了半年多，其间又陆续收到图件几

毛泽东为人民英雄纪念碑书写的碑题

十幅、文字100余篇。经过各方面的座谈讨论，决定取消城台和碑身内部的陈列室等，并进一步改进碑形，使其高矮宽窄相称。碑身、碑面略呈弧形，显得丰满、结实。为使高碑视觉上壮观、稳定，碑面自上而下略作收分。在碑的顶部、侧面以及须弥座部位饰刻不同的花纹。

经过历史学家的反复推敲,浮雕的内容与碑文相对应,取自 100 多年来中华民族的伟大革命斗争史实,分成八个历史画面,由八个雕塑专家创作完成。它们是《虎门销烟》(曾竹韶塑)、《金田起义》(王丙照塑)、《武昌起义》(傅天仇塑)、《五四运动》(滑田友塑)、《五卅运动》(王临乙塑)、《南昌起义》(肖传久塑)、《抗日游击战争》(张松鹤塑)、《胜利渡长江》及两幅附图(刘开渠塑)。

严格的施工

人民英雄纪念碑于 1952 年 8 月 1 日动工,全国著名的建筑家、雕刻家、美术家和全国优秀的雕刻工人都参加了建碑工作。纪念碑建筑在北京中轴线上,其中心距天安门墙基 440 米,碑的总高度比天安门城楼高出 3 米。碑脚月台分两层,上层长宽各 32 米,下层月台南北长 61.5 米,东西长 50.5 米,两层月台四周有宽敞的台阶和护栏。

人民英雄纪念碑造型庄重、艺术性强,要将设计予以实现,还需要工人们的艰苦劳动和聪明智慧。

建好纪念碑的关键之一是有优质的配套石料,特别是碑题石,要求是一块整石,长 14.4 米,上宽 2.48 米,下宽 2.72 米,厚 0.6 米。经过比较筛选,最终从青岛浮山选到了石料。而从遥远的地方把石料采下,到碑体的完成,至少要经过四道难关。

一是如何从岩体上取下巨大的整体石块。开始按照当地老石工的办法,先选择一个平整岩体,四周凿几个炮眼,在深处埋上炸药打"闷炮",使山体内部出现水平裂缝,然后取出石料,但是试了两次,结果都达不到所需要的平面尺寸,于是决定沿四周挖4米深的槽,横向等距凿楔子眼。几十人同时均匀捶击,按口令捶击几次后,石料果然按预定剥离面分离,成功解决了大石料的开采问题。

二是石料如何下山。首先是加大石坯的厚度,毛坯开采下来时厚3米、重320吨。工人们将石料缓缓下滑至坡下平地后,进行第一次加工,使重量减至280吨。

三是石料怎样上下火车。浮山采石场距青岛车站大约30千米,大部是丘陵地,如何搬运?修一条临时重轨铁路不现实,人力、物

工人们将石料运出采石场

力、财力以及时间都不允许。一位鞍山的共产党员、老起重工提出采取我国古老的搬运重物的办法,用滚木及推土机牵引滚移,遇沟、遇小桥就垫木垛填实。这样既稳妥,速度也不算很慢,石料终于顺利运抵青岛车站。那时我国铁路平板车皮一般载重在 30 吨左右,后从东北小丰满电厂调来了 90 吨的平板车皮,但承载这样的庞然大物还是不行。最后决定采取最简单的办法,将 280 吨的石料再次"瘦身",减到 100 吨。为安全起见,这次石料凿成中间厚、两头薄,装上车后火车慢速行驶,终于到达北京前门西车站。又用同样的方法,将石料搬运到广场工地。

四是碑心如何就位。在施工现场,工人们采取侧立加工的办法,成功使石料的厚度达到 0.6 米。岩石碑心完成后,最后的问题是如何将重 60 吨的石料起吊,就位于高达十几米的准确设计位置。工人们把石料包装好,先用厚木料在四周环抱住,然后利用纪念碑中央的混凝土筒作为起重支柱,用重型卷扬机起吊。碑身两旁各立一根高吊杆,调整石料的摆动及平正。安装时人们

吊装人民英雄纪念碑碑心石

都十分紧张，默默地祝愿。碑心终于安全准确地就位，现场响起一片欢呼声。

细节精益求精

就在纪念碑施工按部就班地进行时，突然接到兴建委员会的指示，要将整个碑面移转180度。按照我国传统习惯，碑面朝南，故"人民英雄永垂不朽"的碑题应朝南，但是许多群众提出，重大的群众活动都集中在天安门与纪念碑之间的广场上，碑身正面应朝北，与天安门相对。这个意见得到中央领导及专家们的认可，于是决定把碑面移转180度。所幸碑的结构工程本来就是南北一致，只要把石料砌面整个做南北对调即可。这一变动固然很大，但未使施工进程受到影响。

浮雕石料的开采、运输、加工和安装同样十分困难。石料采自房山的汉白玉矿，花岗岩小的几百公斤，大的八九吨，其型号、种类既特别又繁多。因岩层破碎，合乎2米宽规格的石料不多，须逐层挑选。整个纪念碑工程，包括月台等，共用石料13000多块。石料的加工十分精细，每一成品的棱角、边线、弧面、花纹、卷边都经严格检查，安装时也步步有序。

碑上刻字、镏金是在安装以后进行的。首先将所写原稿按碑的尺寸放大，并用阴文镌刻，力求刻字与原字神形一致，并以紫铜为胎，采用我国传统的镏金工艺做成金字镶嵌进去，能保证300年不变色。碑题、碑文共用黄金130两。

浮雕的题材由相关部门及专家确定之后，先制作小张草图，以确定情节、人物布置，再依稿做成泥塑，修整画稿中的光暗布局，然后依碑中需要放大为石膏体，最后在安装好的汉白玉石板上用坐标针逐点摹刻。浮雕塑造是我国八位专家及其助手的精心杰作，他们还严格保证了整体风格上的一致。

中国历史上最大的纪念碑

人民英雄纪念碑于 1958 年 4 月 22 日竣工，同年 5 月 1 日举行了揭幕典礼。纪念碑是新中国诞生后在天安门广场修建的第一座建筑，也是中国历史上最大的纪念碑。

人民英雄纪念碑占地约 3000 平方米，碑通高 37.94 米，分碑身和基座两部分，由 1.7 万块花岗岩和汉白玉砌成。基座分两层，上层为正方形，四面均以汉白玉护栏环绕，并有台阶与底层相连。承托碑身的是大小两个重叠的须弥座，下层须弥座束腰部位有 10 幅汉白玉浮雕和装饰性浮雕，东面为《虎门销烟》《金田起义》，南面为《武昌起义》《五四运动》《五卅运动》，西面为《南昌起义》《抗日游击战争》，正面（北面）为《胜利渡长江》；在《胜利渡长江》两旁，另有两幅主题为《支援前线》和《欢迎人民解放军》的浮雕。10 幅浮雕的高度均为 2 米，宽 2 至 6.4 米，总长 40.68 米，一共雕刻了 180 个人物。这些浮雕概括地表现了中国近现代史上人民革命的历史。上层须弥座四周镌刻着由菊花、荷花、牡丹花、百合花和重幔组成的 8 个花环。碑身为钢筋混凝土结构，

花岗岩贴面石镶边。纪念碑正面碑心镌刻毛泽东题写的"人民英雄永垂不朽",背面由7块大理石组成,上刻毛泽东撰文、周恩来书写的碑文:

三年以来,在人民解放战争和人民革命中牺牲的人民英雄们永垂不朽!三十年以来,在人民解放战争和人民革命中牺牲的人民英雄们永垂不朽!由此上溯到一千八百四十年,从那时起,为了反对内外敌人,争取民族独立和人民自由幸福,在历次斗争中牺牲的人民英雄们永垂不朽!

每当人们在天安门广场幸福地徜徉,每当节庆时欢呼的声浪在天安门广场上空回响,人民英雄纪念碑仿佛是无数革命者和先行者的化身,他们注视着后来的一切,为自己的奋斗和牺牲感到欣慰。同样的,每一个来到纪念碑脚下的人们,都会怀着崇敬的心情,向那些中华民族的英雄、幸福事业的创造者们致以崇高的敬意,献上心中的一束鲜花!

我爱北京天安门
——绘入国徽的共和国标记

完美的建筑艺术杰作

天安门位于北京城区中心、南北中轴线上。

天安门始建于明永乐十五年（1417），据传是由吴县（今江苏省苏州市吴中区）人蒯祥设计的，明永乐十八年（1420）建成时，为一座黄瓦飞檐的三层楼式的五座木牌坊，因建造时完全模仿南京的承天门，故命名承天门。

明天顺元年（1457），承天门遭雷击起火被焚毁。明成化元年（1465）由工部尚书白圭主持，蒯祥设计并领衔重建。重建后的承天门，由原来的牌坊式改建成宫殿式。这次重修，奠定了天安门的形制。明崇祯十七年（1644），李自成率领农民起义军攻占京城，承天门再次被毁。清顺治八年（1651），在原址废墟上大规模改建，并更名为天安门，取"受命于天，安邦治国"之意。

清光绪二十七年（1901）的天安门

　　天安门是北京中轴线上南起第三座城门，位于故宫的南端，是明清两代北京皇城的正门。每逢祭祀天地、皇帝大婚等隆重典礼，封建帝王都从天安门出入。同时，这里也是明清两代举行"颁诏"的地方。

　　天安门占地面积4800平方米，由城台和城楼两部分组成，总高34.7米。城台为朱红色，高13米，下方为1.59米高、2000余平方米、雕刻精美的汉白玉须弥基座。城台上是金碧辉煌的天安门城楼，天安门城楼为重檐歇山式黄琉璃瓦顶的大殿，东西面阔九楹，南北进深五间（长66米、宽37米），取"九五"之数，象征皇帝的尊严。城楼内所用木材大部分是楠木，城楼内悬挂17盏古雅的大型宫灯，主灯有八个面，全高6米，直径2.8米，重约450公斤。城台东西两侧各有一条长达百级供上下城楼用的梯道，俗称马道。城台下有五个拱形门洞，中间的门洞最大，高 8.82 米，宽 5.25 米，位于北京皇城中轴线上，过去唯有皇帝可以进出。

城台前有自故宫里流出的金水河和五座精美的汉白玉桥，有两对雄健的石狮和秀丽的华表相呼应，使天安门成为一座完美的建筑艺术杰作。

俯瞰风云变幻

近代以来，天安门是外国列强入侵和封建王朝腐朽的见证。

清光绪二十六年（1900），八国联军入侵时用炮火对天安门进行野蛮的轰击，使它受到严重的破坏。清宣统三年（1911），隆裕太后颁布溥仪退位诏书的仪式在这里举行，宣告了两千多年的封建帝制的结束。1925 年 10 月 10 日，故宫博物院成立，天安门开始对民众开放。

天安门见证了中国现代史上许许多多的革命运动。五四运动在天安门前举行抗议集会；1925 年，为声援五卅运动，北京的团体和市民接连在广场集会；解放战争时期，青年学生更是经常在天安门前举行各种集会和游行：抗暴运动、五二〇运动、"反美扶日"运动……

北平和平解放以后，这里也常有各种群众集会。1949 年 2 月 12 日是北平解放后的第一个元宵节，全市 20 余万军民在天安门广场举行集会，欢庆北平和平解放。天安门城楼毛主席画像两边悬挂着"北平各界庆祝解放大会"的会标，市长叶剑英在大会上发表讲话，他说:"人民解放军武装同志们,北平市工友们,同学们,一切劳动人民和全北平市的市民们!让我们在自由的天空,自由的城市里边,来庆祝北平人民自己的伟大的胜利。北平人民不仅仅是第一次获得真正的自由和民主,而且北平的和平解决,又为中国人民解放事业创造了新的榜样。这是与中国共产党正确的领导,人民领袖毛泽东的战略天才以及人民解放军的英勇善战不可分离的。"他在大会上宣布了军管时期的六项任务:肃清一切反革命势力;建立人民革命政权;接收一切公共机关、产业和物资并加以管制;建立人民民主秩序;解散一切反动党派和团体在北平的组织;逮捕战犯及罪大恶极

为"庆祝北平解放大会"布置的天安门城楼

的反动分子。会后，胜利的军民举行了庆祝游行。

7月7日，北平20余万军民再次在天安门前集会，隆重纪念全国抗战爆发12周年。毛泽东、朱德出席大会。彭真致开幕词，号召保护国家财产，恢复和发展生产，建立新的北平。朱德、董必武、薄一波、聂荣臻、叶剑英以及李济深、沈钧儒、郭沫若、许德珩、吴晗等先后在大会上发表讲话。这些盛大的群众集会和庆祝、纪念活动，为日后开国大典的群众组织和调度积累了宝贵的经验。

北平市委不仅做政治宣传鼓动工作，还通过社会动员，发动群众，改善自己的生活和社会面貌。解放前，统治者只知自己骄奢淫逸，"朱门酒肉臭"，根本不关心百姓的卫生与健康。北平城内垃圾成堆，粪便不能及时运出城外，日积月累，臭气弥漫。天安门城楼以东、骑河楼等处都是垃圾场，天安门前垃圾堆足有三层楼高。在中国共产党的领导下，为了迎接新中国的成立，为了新北京的建设，北平各阶层民众积极参与，迅速改变了天安门和北平各主要场所的市政面貌，极大地振奋和鼓舞了人民的信心和干劲。

新中国的象征

1949年，中国人民的解放事业进展顺利，全中国的解放指日可待，组成新政府、成立新中国被提上了议事日程。7月初，开国大典筹备委员会成立，举行大典的方案也很快送到了筹备委员会主任周恩来的案头。关于大典举行的地点，周恩来经过慎重考虑，批准"地点以天安门前为好"。

10月1日下午2时，中华人民共和国中央人民政府委员会在中南海勤政殿大厅举行了第一次全体会议。毛泽东主席和朱德、刘少奇、宋庆龄等六位副主席及各位委员出席了会议。会议由毛泽东主持，宣布中华人民共和国中央人民政府成立。会议选举林伯渠为中央人民政府秘书长，任命周恩来为中央人民政府政务院总理兼外交部部长，毛泽东为人民革命军事委员会主席，朱德为人民解放军总司令，沈钧儒为最高人民法院院长，罗荣桓为最高检察署检察长。会议一致决议接受《中国人民政治协商会议共同纲领》为中央人民政府的施政方针。

这一天，天安门整饰一新。天安门城楼上方悬挂着"中华人民共和国中央人民政府成立典礼"的会标，分插城台两侧的八面红旗迎风招展，八盏新设计的红色宫灯分悬于檐下柱子之间。天安门正门上方悬挂着当天早上刚刚修改完成的毛泽东巨幅画像，两边分别是"中华人民共和国万岁"和"中央人民政府万岁"的大幅标语。这两幅标语的每个字都有2米高、2.2米宽，红底白字，非常醒目。这一天登上天安门城楼的有国家领导人、新政协代表、候补代表、特邀代表及记者、工作人员等800多人。

10月1日下午3时，首都30万军民齐集在整修一新的天安门广场上，隆重举行"中华人民共和国中央人民政府成立典礼"即开国大典。当毛泽东、朱德、刘少奇、周恩来、宋庆龄、李济深、张澜、高岗等党和国家领导人及委员沿城楼西侧马道100级的砖阶登上天安门城楼时，广场上一片欢腾。主持大会的林伯渠秘书长宣布典礼开始。随后毛泽东走到麦克风前，向全世界庄严宣告："中华人民共

红迹 | 绵延赓续

开国大典上，第一面五星红旗冉冉升起，迎风飘扬

和国中央人民政府今天成立了！"在热烈欢呼声和掌声中，毛泽东扭动电钮，一面鲜艳夺目的五星红旗冉冉升起。军乐团奏起代国歌《义勇军进行曲》，54门礼炮齐鸣28响。毛泽东宣读政府公告，称中央人民政府委员已经选出并于本日就职，北京为新中国的首都，"本政府为代表中华人民共和国全国人民的唯一合法政府"，"接受《中国人民政治协商会议共同纲领》为本政府的施政方针"。毛泽东在宣读公告时，吸收了政协委员张治中的意见，一一念出56名政府委员的名字，展示了新政府人才济济，阵容强大。

接着，威武雄壮的阅兵式开始。中国人民解放军总司令朱德担任检阅总司令，他在聂荣臻总指挥的陪同下，乘车检阅排列在东

1949年10月1日，受检阅部队通过天安门前

天安门城楼

长安街的陆海空三军部队，同时人民空军的战机第一次从广场上空掠过。朱德总司令返回天安门城楼，宣读《中国人民解放军总部命令》。受阅部队以分列式队形由东向西从天安门前通过，接受毛泽东等党和国家领导人的检阅。

高呼"中华人民共和国万岁！""中国共产党万岁！""毛主席万岁！"的群众游行队伍最后通过广场，毛泽东等党和国家领导人在天安门城楼上向游行群众挥手致意，毛泽东高呼："人民万岁！"庆祝活动一直延续到夜晚，北京群众的提灯游行使天安门广场和主要街道变成了灯光的海洋。

从此，天安门成为新中国的象征，历次国家盛大的庆典活动都在天安门和天安门广场举行。

天安门成为国徽要素

1949年7月15日，中华人民共和国国徽图案征稿与国旗图案、国歌词谱征稿工作同时开始。中国人民政治协商会议筹备会发布的《征求国旗国徽图案及国歌词谱启事》中，明确提出了对国徽设计的要求："（甲）中国特征；（乙）政权特征；（丙）形式须庄严富丽。"截至8月20日，共收到应征国徽图案稿件112件，各种图900余幅。政协代表认为"收到的作品太少，且也无可采用者"。最后的意见是"另请专家拟制。俟收到图案之后，再行提请决定"。9月，临近开国大典，国徽设计虽经修改，但仍不理想。代表们便一致同意国徽图案暂不提交政协大会讨论，留待将来由中央人民政府确定。大会

清华大学国徽设计组成员和国徽第二稿设计方案合影

主席团议定，邀请专家另行设计。9月27日，政协第一届全体会议上，讨论并通过了国旗、国都、纪年、国歌词谱等四个决议案。应征的国徽方案虽经多次评选，仍没有一个方案能令委员们满意，也就未能被通过。

政协的决定为国徽的设计留出了时间。在接下来的一年里，以张仃、钟灵为主的中央美术学院设计小组和以梁思成、林徽因为主的清华大学营建学系设计小组经过竞争和借鉴、融合，形成了符合国徽设计要求的图稿。清华大学营建学系在《国徽设计说明书》中特别对天安门及其他要素在图案中的象征意义做了说明：

> 图案内以国旗上的金色五星和天安门为主要内容。五星象征中国共产党的领导与全国人民的大团结；天安门象征新民主主义革命的发源地，与在此宣告诞生的新中国。以革命的红色作为天空，象征无数先烈的流血牺牲。底下正中为一个完整的齿轮，两旁饰以稻麦，象征以工人阶级为领导，工农联盟为基础的人民民主专政。以通过齿轮中心的大红丝结象征全国人民空前巩固团结在中国工人阶级的周围。就这样，以五种简单实物的形象，借红色丝结的联系，组成一个新中国的国徽。
>
> 在处理方法上，强调五星与天安门在比例上的关系，是因为这样可以给人强烈的新中国的印象，收到全面含义的效果，为了同一原因，用纯金色浮雕的手法，处理天安门，省略了繁琐的细节与色彩，为使天安门象征化，而更适合于国徽的体裁。
>
> 红色描金，是中国民族形式的表现手法，兼有华丽与庄严的效果，采用作为国徽的色彩，是为中国劳动人民所爱好，并能代表中国艺术精神的。

1950年6月23日，政协一届二次会议同意国徽审查委员会的报告，通过了清华大学的国徽设计图案。

1950年9月20日，毛泽东签署《中央人民政府命令》，公布中华人民共和国国徽图案：（1）两把麦稻组成正圆形的环。齿轮安在下方麦稻秆的交叉点上。齿轮的中心交结着红绶带。红绶带向左右绾住麦稻穗而下垂，把齿轮分成上下两部分。（2）从图案正中垂直画一条直线，其左右两部分，完全对称。（3）图案各部分之地位、尺寸，可根据方格墨线图之比例，放大或缩小。（4）如制作浮雕，其各部位之高低，可根据断面图之比例放大或缩小。（5）国徽之涂色为金红二色：麦稻、五星、天安门、齿轮为金色，圆环内之底子及绶带为红色；红为正红（同于国旗），金为大赤金（淡色而有光泽之金）。

从1950年国庆节起，天安门城楼上方开始悬挂一枚巨大的国徽，庄严、神圣、富丽，完美无瑕。

先烈有灵当笑慰
——太和殿华北战区日军投降仪式

迎来抗战胜利日

自 1912 年清帝退位后，故宫太和殿就没有了往日的威风，即使以后故宫辟为博物院，也鲜有民众聚集。1945 年 10 月，这个状态突然被打破了。

20 万军民聚集在太和殿广场上，庆祝抗日战争的胜利！

1945 年 8 月 15 日，日本宣布无条件投降。9 月 2 日，在美国"密苏里号"战列舰主甲板举行的受降仪式上，日本代表在投降书上签字。作为反法西斯阵营的一员，第二次世界大战的战胜国，中国设定了 16 个受降区，其中北平受降区接受北平、天津、石家庄、保定、济南等地日军的投降。

胜利的日子，感慨万千！从 1937 年 7 月沦陷到 1945 年 8 月日本宣布投降，整整八年的日子，北平人民遭受了巨大灾难和痛苦。

据不完全统计，在卢沟桥抗战、南口抗战和八路军平郊抗日武装对日伪军作战中，中国军队共伤亡 3 万余人。因轰炸、枪杀、焚烧、狗咬、拷打、苦役、抓作劳工、集中营关押等方式致死的北平平民达 49 万多人。

日军用公开和隐蔽的手段掠夺黄金、白银等金融资本，日军外城宪兵队曾抢劫北京南城崇文区内的 27 家银号。1937 年 11 月到 12 月，日军没收前门外聚义银号中国 29 军将士寄存的黄金 1200 两、银圆 21 万元、存款 72 万元。在日军特务部成田少佐、武田确忠、余村实的威逼下，银号经理王振亭从东交民巷聚义银号的库房中将 21 万元银圆提出，宪兵队用卡车将这些银圆直接拉入日军控制的朝鲜银行中。类似的事件有几十起之多。

1937 年 8 月 8 日，日军侵入北平后所贴布告

沦陷时期，留在北平故宫的文物也遭到日军大肆劫掠。据故宫博物院院长马衡战后报告，故宫文物损失：古物馆191箱，文献馆1734箱，前秘书处826箱，颐和园89箱，古物陈列所113箱，总计2953箱。他在《本院被敌军征取铜品之经过情形，请转行第十一战区长官司令部设法追究》里说：

案查本院被征用之铜品2095市斤外，计铜缸66口，铜炮一尊，铜灯亭91件。此外，尚有历史博物馆铜炮3尊，本院之铜缸及历史博物馆之铜炮系由北支派遣军甲第1400部队河野中佐于三十三年六月十九日运协和医院，该部队过磅后，运赴东车站，闻系装车运往朝鲜。本院之铜炮和铜灯亭由伪市政府工务局专员齐昌复、职员张伯齐偕同昭和通商株式会社（在朝阳门内北小街）日人佐仓于三十四年六月二十二日来院启运。据闻系运往北新桥北支工厂。

日军强占北京大学、清华大学等著名高校，损毁长城、大觉寺、云居寺等文物，致使北京人化石遗失，掠夺故宫、颐和园、北平研究所、国立北平图书馆等机构所藏重要文物和图书，造成北京文化事业的空前浩劫。北平故宫博物院太庙图书分馆曾被日本宪兵两次搜查，1938年6月，被搬走书籍314册，被撕毁书籍26册、杂志4131册；1939年3月，被搬走杂志6551册。

……

桩桩件件，是清算的日子了！

中国战区举行受降式，最早是在湖南的芷江县。1945年8月21

日下午4时，侵华日军正式投降之前，派出侵华日军副总参谋长今井武夫作为受降仪式日军使节，在芷江与中国陆军相关高级参谋人员商定日军向中国军民投降的所有事宜，交出了日军在中国战区的兵力分布图，并在日本投降时注意事项备忘录上签字。芷江受降标志日本侵华战争结束。

中国战区最高级别的受降式是在南京。1945年9月9日上午9时，第二次世界大战中国战区受降仪式在南京的中央陆军军官学校大礼堂举行。日本陆军中国派遣军总司令冈村宁次大将签署投降书。

中国战区最大规模的受降式是在北平。1945年10月10日，在北平故宫太和殿举行的、有20万人参加的华北日军受降仪式最为盛大、庄重。

受降地点的变化

北平受降仪式举行的地点，一开始并不在太和殿，地点的选定，有一个变化的过程。

最初公布各个地区受降地点时，华北指定的是10月10日在北平中南海怀仁堂。及至中方负责筹备受降仪式的官员参加了10月6日天津地区的受降仪式，为中国民众的爱国热情所激励，10月7日，决定原定在中南海怀仁堂室内受降的计划取消，要公开受降，并重新制定受降仪式的地点和方式。

之前其他地区的受降仪式大多是在室内举行的，即使是大礼堂，空间依然有限。虽然有利于警备，但降低了公开的影响和作用。北平受降要公开进行，在露天进行。

为扩大影响，增强气氛，受降地点要尽量的宽阔，可以让更多的人置身其中，亲身感受胜利的喜悦。

为了落实这个方案，仪式负责人驾车进入故宫。他们在午门前停下来，思考在午门前受降。这是一个不错的选择。明清两代，每遇重大战争，军队得胜凯旋，要在午门向皇帝敬献战俘，称献俘礼。午门前受降有民族的传统和历史的继承性。但是午门还达不到预想的效果，因为是在门前平地上举行签字等各种活动，后面的人会看不见前面仪式进行的情况。

于是再往前走，一进太和门，眼前的景象让人豁然开朗。太和殿前好大一片的广场，它的正面、东西两侧，容纳几十万人没有问题。太和殿是封建皇帝行使权力、举行盛典时用的宫殿，俗称金銮殿，是紫禁城里最大的宫殿，建在约 5 米高的汉白玉台基上，处在故宫的中心部位。在太和殿前举行受降仪式，既庄严隆重，又有气势。

虽然故宫年久失修，广场地砖有破损、缺失，有的地方还长出了杂草，但是殿前广场基本平整，而且在广场的任何一个角落，都可以看到几层玉墀上发生的事情。太和殿门前的空间也不小，足够容纳签字人员、观礼人员、记者及摆设各种器物。于是商定在太和殿受降，让更多的民众参加，分享胜利的喜悦。

受降仪式的过程

北平的秋天，是一年中最好的季节，1945 年 10 月 10 日，天空艳阳高照,街市、干道上彩旗飘扬。闻知受降仪式在故宫举行的消息,从清晨开始,北平市民就陆陆续续从四面八方赶来。太和殿前的广场上人山人海,当时北平城有200万人口,20万人参加了受降仪式。除了中间一条通道外,远近都是欢快的人群。天安门、端门、午门、东西华门、南北池子、南北长街上,到处都聚满了人群。反法西斯国际阵营的苏联代表巴斯里克耶夫、美国代表骆基中将和华顿参谋长、英国代表蓝来纳、法国代表马至礼、荷兰代表高克等盟国代表也出席了受降仪式。

上午10时10分,景山山顶上军号长鸣,会场上礼炮响起,中国受降主官孙连仲宣布:受降仪式开始!

1945年10月10日太和殿前受降仪式现场

司仪指示日本投降代表入场。在太和门外等候的日本投降代表、华北派遣军司令官兼驻蒙军司令官根本博，参谋长高桥坦、副参谋长渡边等21名日本军官排成两行，在中国士兵如同前后押解般的引导下，垂头丧气地步入会场。他们登上太和殿的台阶，在典礼台前一一向孙连仲敬礼，然后退后恭立。

太和殿前礼炮响起，军乐队凯歌高奏，在场的人们全体肃立，为在抗日战争中牺牲的将士默哀。日本投降代表个个低头躬身，向中国人民谢罪。

司仪宣布：投降代表签字。根本博行至受降台前立正，向中国受降代表行礼，然后在投降书上"投降代表"处签字盖章。接着，孙连仲手执毛笔，代表胜利者在降书中"受降主官"处签字，他显得非常从容，其间还至少换了一支毛笔，想是为了以后留作纪念吧。这期间，数十名记者举着照相机拥到桌前，定格下这历史的时刻。双方签字后，根本博、高桥坦、渡边等21名日本军官从腰间解下了他们的佩刀，依次放置在投降书的左右两侧。这些侵略者们耀武扬威的武器，如今已经成为他们无法推卸的罪证。记者们再一次尽情地拍照。完成缴刀仪式之后，日方人员退出太和殿广场。

遭受日军八年蹂躏的北平市民终于扬眉吐气了！此时，现场的热烈气氛达到高潮，他们欢呼，他们雀跃，台上台下的军人和市民共同振臂高呼："中国万岁！""胜利万岁！"高亢的声音响彻云霄，掌声、欢呼声震耳欲聋。

北平受降典礼虽然仅有短短的25分钟，但20万北平市民见证了这一重大的历史时刻，并将永远铭记在心。

第二辑 一通晶莹洁白的丰碑

孙连仲上将在"受降主官"处签字

北平群众激动高呼

119

解放区也在庆祝

1945年8月日本宣布投降，中国共产党领导下的抗日根据地军民积极主动出击，掌握了战争的主动权。遵照朱德总司令关于受降和对日展开全面反攻等命令，各解放区抗日武装部队向其附近日伪军发出通牒，限他们于指定时间内向人民军队缴械。八路军从东、西、南三面向北平逼近，准备里应外合解放北平城。晋察冀城工部还为接收北平城准备了干部。之后在中共正式受降已无可能的情况下，城里城外互相配合，设法进行了一些局部接收，如先后接收了伪《华北日报》、伪《武德报》。津泽医院和中西医院，把一批武器、被服、自行车等，趁城内秩序混乱之时运回解放区。

在八路军的包围和攻击下，顺义、平谷日军弃城逃窜，平谷全境获得解放。密云抗日军民进行了拔除日伪据点的战斗。至9月初，除县城、石匣两大据点尚未攻克外，其他地区全部获得解放。冀察军区主力9月20日傍晚进逼延庆城下，随即开始攻城，3小时后攻入城内，从怀来逃至延庆的伪警察队300余人缴械投降。从延庆逃走的伪警察队100余人在穷途末路之中放下武器，接受改编。

其间，北平郊区的集镇乡村，人们敲锣打鼓，庆祝胜利。共产党和人民的抗日武装在平西、平北召开庆祝大会，方圆几十里的人们排着队，高举有镰刀斧头图案的大红旗来到会场。会场周围的山上架起机枪，河套里支起大炮。庆祝会开始时，枪炮齐鸣，震撼山河。群众高兴地扭秧歌，踩高跷，唱大戏。冀东第14专署还下令全区放假三天。

10月16日，在南苑机场还举行了平津等地日本空军的投降签字仪式。

民族解放共一途
——蒙藏学校的革命活动

蒙藏子弟的学校

在西单繁华的商业楼宇中，有一处中式小院，门牌上面写着"西城区小石虎胡同33号"，这里曾经是20世纪20年代北京声名籍甚的蒙藏学校的一部分。

蒙藏学校校舍是明朝初年的常州会馆，清初为建宁公主府，后为定亲王永璜的长子爱新觉罗·绵德的府第。1913年，为了给蒙藏子弟提供一所民族学校，北洋政府创办了蒙藏学校。蒙藏学校初办时租用孙家花园，1916年迁校于此。

蒙藏学校开办时只有中学班，后添设了专科班，所以又称蒙藏专门学校。这个学校名曰蒙藏，实际开办后没有招收过藏族学生，主要是蒙古族学生。五四运动后，由于经费困难，学校一度停止招生，直至1923年才恢复招生。学校开设的课程有国文、蒙古文、数

国立蒙藏学校旧址

学、历史、地理、自然等。除了需要学习蒙古文外,这所学校和其他普通中学没有什么两样。《招生简章》中说该校的宗旨是提高蒙古族和藏族的文化水平,培养少数民族人才,还说凡入该校读书的学生一律享受官费,吃饭、住宿均由校方供给,每人每年还发一套校服。这个培养目标和优厚待遇,对一般的蒙藏青年具有很大的吸引力。

为生存反专制 风潮不断

在半殖民地半封建的旧中国,各民族都无例外地遭受着剥削和压迫。1923 年前后,北洋政府通过清丈,大量剥夺蒙古族人民的土地,引起了蒙古族各阶层的不满。蒙藏学校的学生受家乡父老的影响,奔走于北京各大院校串联,寻求支援。还同内蒙古来的代表一起到北洋政府蒙藏院请愿，期望他们能为蒙古族同胞伸张正义。这场斗争声势很大，持续了一个多月，虽然没有取得什么结果，但却使在北京的蒙古族青年反抗民族压迫的形象崭露头角。

蒙藏学校学生的行动，激怒了北洋政府，他们马上还之以颜色，下令取消学校的官费，不再发校服，连免费吃饭的待遇也取消了。蒙古族学生大多家境贫寒，这样一来就等于断了粮，个个面临着失学的危险。

蒙藏学校校长张武是个爱国知识分子，他同情学生，通过个人影响在社会上募捐，变卖学校的一些物品，帮助学生维持了一段时间。北洋政府对此大为不满，撤掉了他的校长职务，任命了一个官僚政客当校长。新校长一进校门就张贴告示，宣布禁止学生参加各种社会活动，禁止罢课。学生不买账，齐心把他轰走了。不久，北洋政府又派来了一个校长。此人一来就以威胁的口吻说，今后谁再闹事，就对谁不客气，轻则开除，重则送交警察局法办。学生们不吃这一套，照样指着他质问，使他在校不得安身。

北洋政府只好再派校长。这个新校长是个知识分子，同情学生的处境，态度十分温和。他积极交涉，恢复了官费，不限制学生参加政治活动。至此，蒙藏学校的风潮才告平息。

接受真理　建立党团

1923年发生的二七惨案，不仅加快了中国共产党联合其他阶级、政党的进程，也加大了中共联合一切被压迫民族反帝反封建的工作力度。蒙藏学校学生反对官府，驱除校长的斗争，表明一代蒙古族青年正在觉醒。它不仅震动了北洋政府，更引起了中国共产党北京区委的关注。1923年，李大钊领导下的北京区委在蒙藏学校开始党的最早的民族工作。他陆续派邓中夏、赵世炎、黄日葵、朱务善、刘伯庄等人到蒙藏学校，首先在思想理论上宣传马克思主义，宣传十月革命，宣传中国共产党的主张和民族政策，向广大学生介绍《新青年》《向导》等刊物中的革命理论和时政文章。

1923年冬，北京区委为了加强对蒙藏学校学生政治理论方面的培养，专门为该校的进步学生组织了马克思主义研究小组。每个小组三个人，乌兰夫、康根成、多松年、奎璧、吉雅泰、高布泽博、佛鼎、孟纯等参加了研究小组的学习。研究小组每周集中学习两次，由李大钊、邓中夏、赵世炎、刘伯庄轮流辅导。小组成员系统学习了《共产党宣言》和《列宁主义基础》，明白了蒙古民族贫穷落后受压迫的原因，蒙古民族的解放斗争与中国革命乃至世界无产阶级革命的关系，以及中国革命的道路与前途，等等。

在组织上，北京区委注重培养和发展蒙古族中的积极分子。1923年4月，蒙藏学校学生荣耀先加入中国共产党，成为第一位蒙古族共产党员。1924年，多松年、李裕智、孟纯等加入中国共产党，并组建了中共蒙藏学校党支部，这是中国共产党第一个少数民族党支部。1925年，乌兰夫、吉雅泰、奎璧等由青年团员转为中共党员，党员的数量进一步增加。为了加强领导，李大钊还建议在中共北京地委内设立民族工作委员会。

中共北方党组织注重民族干部的长期教育、多方面的培养。

1924年5月，选派荣耀先、白海风、王瑞甫、王秉章到黄埔军校第一期、第二期学习；1925年上半年，选派奎璧、赵诚、特木尔巴根等到蒙古人民共和国党务学校学习；1925年10月，又选派乌兰夫、多松年等六人去莫斯科中山大学学习；1925年底、1926年初，陆续选送贾力更、高布泽博等七名蒙古族青年到广州农民运动讲习所学习。

首位蒙古族共产党员荣耀先

在中共北方党组织的精心培养下，蒙藏学校的蒙古族进步青年逐渐成长，他们后来大都成了各个时期中共在内蒙古地区的领导人，有的还为蒙古民族的解放和中国革命的胜利献出了宝贵的生命。

创办蒙古族的革命刊物

1925年春，乌兰夫向邓中夏反映，蒙藏学校进步青年都在抢着看党、团刊物，从中汲取知识和力量，可惜现在这样的刊物太少了。为什么不多办一些呢？邓中夏说："是呀！你们也可以办一个刊物，向内蒙古人民宣传革命思想嘛。"受到启发的乌兰夫当即表示："没问题！我们这里有油印机，也有人会刻钢板，我们不仅能自己编，也能自己印、自己散发。"

乌兰夫与多松年、奎璧碰头后，取得了一致意见。三人研究了报纸的宗旨、内容、稿件来源、刻印、散发等具体事项，同时就具体工作做了分工，由多松年负责编辑，乌兰夫和奎璧负责刻印和散发，撰稿任务则由三人共同承担。

为了给报纸起一个适当的名字，他们颇费了一番心思。"革命指南""战斗号角""红色旗帜""新内蒙古报"等，他们都觉得不够理想。最后，多松年建议报纸的名字叫作"蒙古农民"，得到了大家的一致赞同，认为这个名字很实际、很通俗，容易为蒙古族群众所接受。

《蒙古农民》

为了把刊物办好，多松年专门到蒙古族聚居的察哈尔、绥远地区做了10多天的社会调查。办刊物需要钢板、油印机、蜡纸和印刷用纸，但是没有经费，因此所有费用都是他们从自己的生活费中挤，向同学们借的。

经过近一个月的紧张工作，1925年4月28日，内蒙古的第一个革命刊物《蒙古农民》诞生了。创刊号上刊登的主要文章有《蒙古农民的敌人是谁》《直奉打仗 内蒙古农民遭殃》，还有一首诗歌《蒙古曲》。稿子都是蒙藏学校的学生撰写的，发刊词由多松年执笔。

《蒙古农民》创刊后，受到李大钊等北京区委领导的肯定和鼓励，并被中共北京区委确定为蒙藏学校党组织的刊物。它对唤起蒙古族群众、推动内蒙古地区的革命起到重要作用。

《蒙古农民》一共编印了四期，后因办刊人员先后离开蒙藏学校而停刊。

融入大革命的洪流

在中国共产党和社会主义青年团的领导下，蒙藏学校学生参加了大革命时期北京的一系列革命活动。

1924年底至1925年春，蒙藏学校进步青年为欢迎孙中山先生北上，四处游行演讲，为国民会议的召开大造声势。1925年3月1日，吉雅泰、奎璧作为代表参加了在北京举行的国民会议促成会全国代表大会。

他们反对国民党右派，协助国共合作的北京市党部对党员进行重新登记。

1925年初，吉雅泰、李裕智等担任了中共绥远、包头工作委员会的负责人。

1925年3月31日，北京党组织在北京大学三院大礼堂举行"悼念世界无产阶级革命导师列宁逝世大会"，蒙藏学校党团员负责大会的保卫工作。

1925年春，李大钊特别提出要吸收蒙古族等少数民族的同志到北方区委党校学习，注意培养少数民族地区的干部。

五卅运动后，蒙藏学校学生参加了声援上海工人、学生的反帝爱国运动。

1925年10月，内蒙古人民革命党成立大会在张家口举行，会议通过了成立内蒙古人民革命党的决议和宣言。乌兰夫、佛鼎、李裕智、吉雅泰作为代表参加了会议。

同月，中共中央在北京召开第四届中央执行委员会第二次扩大会议，通过了《蒙古问题议决案》，提出党应当使蒙古族的民族解放运动与全中国的解放运动结合起来。

李大钊关心民族工作

李大钊是中共最早注意民族工作的领导人，除了安排邓中夏、刘伯庄、赵世炎等到蒙藏学校开展活动外，他也经常到蒙藏学校调查研究，听取蒙古族青年的意见和心声。

1923年冬，一天晚饭后，正当蒙藏学校学生在大宿舍谈论警察校长被赶走的狼狈相时，邓中夏和一位留着平头，戴着无边眼镜，身穿灰色粗布棉袍的先生走了进来。大家都觉得这个人很面熟，可一时又想不出来是谁。邓中夏介绍说，这位是北京大学的李大钊先生。学生们早就在杂志上读过李大钊的文章，知道他是领导五四运动的大人物，对他十分崇敬。李大钊见学生们有些拘谨，就主动上前同他们一一握手，然后坐在床边询问大家的家庭情况、蒙古族的生活状况。他实实在在、诚诚恳恳的态度,很快赢得了长期饱受民族压迫的蒙古族青年的信赖。大家将蒙古族受压迫、受剥削的事一桩桩、一件件说给他听,像是开控诉会一般。李大钊始终认真倾听大家的发言,同情地点头。听大家讲完后,他问:"你们说说,蒙古民族受压迫的根本原因何在呢?"见大家答不上来,他便说:"蒙古民族乃至全国各民族的劳苦大众,受压迫、受剥削的根本原因,就是腐败无能的反动政府。你们想一想,在内蒙古地区生活的汉族穷人是不是同蒙古族一样受压迫呢?是一样的。不同的是蒙古族多一层民族压迫,苦难更深!"学生们静静地聆听着李大钊的发言,深受启发。他接着说:"你们都学过中国历史,一定会知道,中华民族是个英雄的民族,千百年来,他们与统治阶级进行过无数次的斗争。比如近代的太平天国、义和团、蒙古族的'独贵龙'运动等,多少先烈抛头颅洒热血,可是这些斗争都失败了,什么原因呢?关键是没有一个有力的政治组织,也就是说没有一个先进的政党来领导。"李大钊十分自信地说:"现在只有一个党是最革命的,只有她才能担负起打碎旧世界,建立人民大众的新政权,实现真正的民族平等。这个党就是用马克思主义武装起来的,以解放全人类为己任的中国共产党。现在全国各地都有共产党组织在领导人民进行斗争,唯有内蒙古地区还没有共产党组织,看来这副重担就落在你们这些青年人的肩上了。我希望你们多学习一些马克思主义理论,多经受实际斗争的锻炼,准备去领导蒙古民族争取解放斗争……"

　　这番春雨润物般的长谈,使在漫漫长夜中徘徊的蒙古族青年看到了民族解放的希望之光,增添了奋斗前行的信心和勇气。

1927年，像全国革命形势由高潮转入低潮一样，蒙藏学校党支部遭到破坏，仅有少数党员仍在秘密地开展工作。

1948年，中共在蒙藏学校成立党的外围组织——蒙古青年革命民主联盟（简称蒙联）。1949年初，蒙藏学校重新组建了党小组；3月，党的支部恢复。

新中国成立后，蒙藏学校旧址曾一度改为中央民族学院附属中学，后由国家民委使用。

第三辑

一条川流不息的长河

五月节　盛锡珊绘

古坛沐浴十月风
——李大钊在中央公园演讲

从社稷坛、中央公园到中山公园

北京中轴线与东西长安街交会于天安门。天安门的东西两侧，分别是如今的劳动人民文化宫和中山公园。它们是沿袭周代以来"左祖右社"的礼制建造的。以紫禁城为中心，劳动人民文化宫曾是明清两代祭祀祖宗的太庙，居左。中山公园设有明清两代的社稷坛，居右。如果再往前推，社稷坛原为辽、金的兴国寺，元代的万寿兴国寺。明永乐十九年（1421），朱棣兴建北京宫殿时，把这里改建为社稷坛，作为皇帝祭祀土地神和五谷神的地方。

社稷坛的祭坛为正方形，汉白玉砌成的三层平台。坛上铺着来自全国各地的五色土壤，按中黄、东青、南红、西白、北黑铺设，以示"普天之下，莫非王土"，并象征土、木、火、金、水五行。坛台中央有一方形石柱，名"社主石"，又称"江山石"，以示"江山永固"。"社稷"是国家的象征,为了祈祷丰收,皇帝每年春秋定时来此祭祀,凡遇出征、班师、献俘等重大事件也要到此祈祷,举行仪式。坛台四周建有矮墙,也称壝垣。明朝初建时是用砖砌墙,然后涂上青、赤、白、黑色。清乾隆二十一年(1756),将壝垣改为用四色琉璃砖、瓦砌成,东蓝、南红、西白、北黑,与坛台相呼应。壝垣四面各有一座棂星门。

祭坛北面有拜殿,系明成祖朱棣时兴建,为皇帝祭祀遇风雨时行礼的地方。在现有史料中未发现该殿曾经被毁或重建的记录,可能是北京现存明代建筑中最古老的一座。

清帝退位后,1913年民国政府接管了社稷坛。1914年10月10

《唐土名胜图会》中的社稷坛

日，在北洋政府内务总长朱启钤的主持下，社稷坛被辟为公园并向社会开放，因为是居于市中心的城内第一座公共园林，所以称为中央公园。

1925年3月孙中山逝世后，其灵柩自协和医院移至中央公园社稷坛拜殿内，李大钊、林伯渠、汪精卫等分为三组抬棺。灵柩在拜殿停放并举行公祭。1928年，河北省政府和北平特别市政府决定将

孙中山逝世后，北京中央公园设置灵堂供公众祭奠

拜殿改为中山堂，中央公园更名为中山公园。

1937年日本占领北平后，改中山公园为北平公园，10月后又改成中央公园。1945年抗战胜利后恢复中山公园的名称，沿用至今。

新中国成立后，在中山公园中山堂先后召开过四届共12次北京市各界人民代表会议。每年首都各界人士都要在此隆重举行孙中山诞辰（11月12日）和忌辰（3月12日）活动。

从克林德碑、公理战胜碑到保卫和平碑

牌坊，中华特色建筑之一，一般是封建社会为表彰功勋、科第、德政以及忠孝节义所立的建筑物，为的是千古留名。如果有一牌坊不过50年就移地两处，三易其名，也算是一类奇葩了吧。

中山公园南门内，有一座宽17米、高10.9米，四柱三楼蓝琉璃瓦顶的青石牌坊。牌坊正中镌刻"保卫和平"四个镏金大字。

此牌坊的由来，要回溯到20世纪初。

清光绪二十六年（1900）春，义和团运动越来越高涨。美、英、德、法、俄、意、日、奥八国以保护使馆为名，派军队进抵北京。6月14日下午，德国驻北京公使克林德在东交民巷殴打、拘押中国人，第二天又指使德国兵登上城墙，开枪打死城外正在操练的20多名中国人。19日，清政府准备与列强开战，照会各国公使24小时内离京去天津。各国公使复函请求延期。第二天上午清廷没有复文，克林德遂带翻译柯达士乘轿直奔总理各国事务衙门交涉。行至东单

克林德碑落成典礼

北大街西总布胡同时，清军神机营霆字枪八队的恩海看到乘轿洋人，即站在北面高处，取枪对准轿子。克林德在轿中首先开枪，未中。恩海开枪还击，克林德当场毙命，翻译受伤，这就是"克林德事件"。同年8月，侵略军攻陷北京。

　　清光绪二十七年（1901），清政府与11国签订《辛丑条约》，第一条就规定清政府派醇亲王爱新觉罗·载沣赴德国，就克林德公使被杀一事谢罪致歉，并在克林德被杀地点修建一座石牌坊。软弱的清王朝一一应诺。石牌坊1901年6月动工，1903年1月完成，位于西总布胡同西口外的东单北大街正中，与街同宽，名曰"克林德碑"。这个石碑成为清政府丧权辱国的见证。

1914年，第一次世界大战爆发。1918年由德国、奥地利、意大利组成的同盟国战败投降，中国因为加入协约国阵营，成为战胜国。北京民众早就认为克林德碑是一大耻辱，一听到德国战败，兴奋得三下五除二就把它拆了。以其人之道，还治其人之身。1919年，中法两国以战胜国名义，责令德国人把已拆除堆放在东单北大街的石牌坊材料移到中央公园（中山公园）内，并重新竖立，以纪念第一次世界大战的胜利。因为当时普遍认为第一次世界大战是"公理战胜，强权失败"，所以易地重新立起来的石碑坊正中碑文改刻"公理战胜"四字。左右石匾分别刻有移建时间，西边刻有"一千九百十九年三月十五日"，东边刻"中华民国八年三月十五日"。人们称之为"公理战胜碑"。

1952年，在北京召开的亚洲及太平洋地区和平会议上，为表彰中国人民保卫世界和平所做的贡献，大会决定将"公理战胜碑"改为"保卫和平碑"，并由郭沫若题写了"保卫和平"四字。

从法国革命、俄国革命到中国革命

中山公园还与马克思主义在中国最早的传播有关系。

马克思主义在中国的传播，经历了一个较长的发展过程。早在清光绪二十五年（1899），上海《万国公报》上曾刊登《大同学》，第一次提到了马克思的名字。以后的一些文章也只是把马克思主义作为欧洲社会主义学说的一个派别介绍到中国来的,并没有做出正确的阐释,也没有引起人们的重视。

中国最早歌颂十月革命和宣传马克思主义的是李大钊。1918年7月,他发表《法俄革命之比较观》一文,指出俄国十月革命"是立于社会主义上之革命",它与18世纪法国革命相比,"时代之精神不同,革命之性质自异,故迥非可同日而语者",俄国革命是"世界的新文明之曙光"。

第一次世界大战结束后,北京大学在天安门搭台演讲数日,蔡元培发表了题为《黑暗与光明的消长》的演说,认为:"现在世界大战争的结果,协约国占了胜利,定要把国际间一切不平等的黑暗主

李大钊(前排左五)1916年6月和《晨钟报》同人在北京中央公园合影

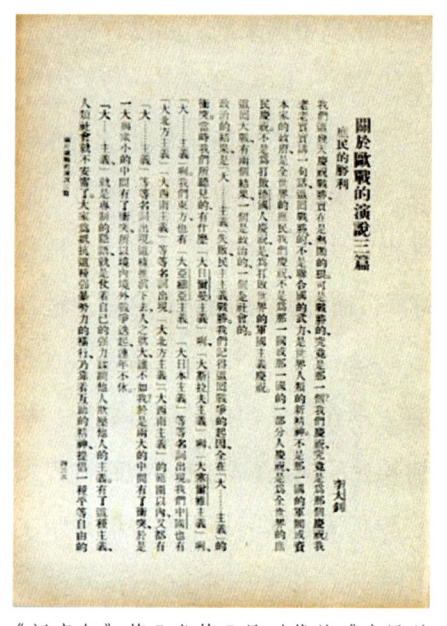

《新青年》第 5 卷第 5 号刊载的《庶民的胜利》

义都消灭了,用光明主义来代他。"李大钊也发表了演讲,但有两点不同,一是地点不同,不是在天安门前,而是在中央公园里面;二是认识不同。他指出,第一次世界大战是帝国主义强盗的争夺战争,而俄国的无产阶级革命则制止了帝国主义国家的战争。他把俄国十月革命看作是"20 世纪中世界革命的先声",把布尔什维主义的胜利看作"是赤旗的胜利,是世界劳工阶级的胜利,是 20 世纪新潮流的胜利",是"世界人类全体的新曙光"。他热情地欢呼:"由今而后,到处所见是布尔什维主义的旗。人道的警钟响了,自由的曙光现了!试看将来的环球,必是赤旗的世界!"

李大钊的演讲后来以《庶民的胜利》和《Bolshevism 的胜利》为题刊载在《新青年》上。这些演讲清楚地说明以李大钊为代表的先进知识分子,已经放弃了法国资产阶级革命的理想,转而学习俄国十月革命的经验,他们开始用历史唯物主义作为观察世界历史发展、中国国家命运的工具,由革命民主主义者转变为马克思主义者,从此中国革命的面貌焕然一新。

旧雨来，今雨亦来

第一次来中山公园的游客，都会对"来今雨轩"的牌匾感到新奇。来今雨轩始建于1915年，由当时公园董事会发起，轩名为北洋政府内务总长朱启钤所定，取自唐朝诗人杜甫《秋述》诗前的小序"常时车马之客，旧雨来，今雨不来……"。以旧雨、今雨作为老朋友、新朋友的代称，这样意思就好理解了。

来今雨轩确实保留了许多"今雨来"的佳话。李大钊好像对此地情有独钟，仅报刊上公开的记录就有：1920年8月19日，李大钊参加少年中国学会、觉悟社等团体在这里召开的茶话会，并发表演说。9月6日，少年中国学会又在北京中央公园举行茶话会，会议通过了《改造联合约章》草案。1921年9月14日，李大钊在此出席少年中国学会召开的谈话会。会议宣布了第三届评议会选举结果，李大钊再次当选为评议员。1922年11月19日，北京大学、法政专科学校等校学生50余人在这里召开学生读书会董事会议，李大钊被聘为导师并在会上讲话。1926年3月2日，国共合作的国民党北京特别市党部在这里招待新闻界中外记者40余人，报告全国和北京国民党党务、国民党二大会议精神和纪念中山先生的筹备情况。

来今雨轩也是欢迎国际朋友的好去处。1923年9月9日，北京20余所学校代表在这里召开欢迎苏俄代表加拉罕大会。京报社社长邵飘萍曾在来今雨轩专门设宴，邀请加拉罕等人，并赠送"精神可师"的锦幛一幅，以表达对社会主义国家的敬佩和向往之情。1924年6月6日，北京各界群众在这里和北京大学师生举办中苏建交庆祝大会，加拉罕到会并讲话。

1924年7月13日，社会主义青年团、马克思学说研究会、北京学联、中俄问题研究会、中共北方区委政治生活社等50多个团体的代表在来今雨轩成立北京反帝国主义运动大联盟。会上发表了通电及宣言，申明扑灭帝国主义的侵略政策，废除一切压迫中国弱小民族的不平等条约。选举胡鄂公等15人为执行委员。7月20日，大联盟在此召开第二次执委会，通过《致世界被压迫民族书》、援助广州沙面工人罢工及筹款接济等议案。11月24日，大联盟又在这里开会，会议认为中国混乱之根源在帝国主义之压迫，非打倒帝国主义不足以解放中国人民。而打倒帝国主义之初步，则须先废除一切不平等条约。

1921年1月，郑振铎等人发起的文学研究会在来今雨轩举行成立会时的合影

在 20 世纪的风云变幻中，中山公园曾吸引着一批追求自由、民主进步的"今雨"。陈垣、陈寅恪、萧乾、蔡锷、谢冰心、张恨水、叶圣陶、郑振铎、王雪涛、李苦禅等社会名人也多次到来今雨轩就餐、会友。据《鲁迅日记》记载，自 1917 年至 1929 年，鲁迅曾 27 次到来今雨轩就餐、品茗、阅报、翻译小说、与文化界人士聚会。随着岁月的流逝，很多的既往，已经成了文坛、政坛上的佳话。

栉风沐雨色更浓
——北京共产党小组的诞生

北大红楼的功用及变化

北京东城区五四大街 29 号，熙熙攘攘的东西长街北侧，一座通体红砖、红瓦覆顶的楼房历经百年风雨依旧傲然矗立。这里就是闻名遐迩的北大红楼。红楼由比利时公司借款、设计，1916 年动工，1918 年建成。红楼平面呈"工"字形，砖混结构，地上四层，地下一层。这里曾是北京大学校部、图书馆、文科所在地。红楼建成后，以其楼层高度和西式风格成为北京大学的标志和象征。

从 1918 年起，北大红楼有以下一些大的变化：

1918 年，红楼内的教室以班和年级分配。

1919 年后，不仅文科，法律、经济、政治等系课程也在红楼上课，教室主要以课程分配。

1919 年，红楼二层主要为校部行政部门所在地，1923 年迁走。

20 世纪 20 年代的红楼全貌

1919 年至 1927 年，北大图书馆一直占据红楼一层。同时图书馆在其他层中也设有阅览室。

1920 年，北大开始招收女生，聘用女教员，红楼中有了女性。

许多北大社团在红楼开辟活动场所，从 1918 年到 1927 年，计有新潮杂志社、书法研究社、哲学研究会、新闻学研究会、平民教育讲演团、北京大学学生会等几十个社团。

1920 年，北大出版部在红楼地下室设立了小型印刷局。

1920 年，在红楼三层设置了体育部。

1922 年，北大研究所国学门在红楼四层成立。

1920 年，红楼遭遇风灾，四楼教室顶棚塌下；1921 年、1924 年发生火灾，幸而及时扑灭。

1927年，红楼由北大一院变为京师大学校文科所在地。

1937年，北平沦陷后，红楼曾被日本宪兵队占据达八年之久。红楼地下室曾被用作囚禁迫害爱国志士的监狱。

1945年，日本投降后，北京大学在红楼复校。

1952年，北京大学由红楼迁至西郊原燕京大学校址。

北大红楼的政治含义

1918年前后的世界与中国，正处于风云变幻的时代，接连发生了俄国十月社会主义革命和中国五四运动等大事变。蔡元培执掌北大，奉行"兼容并包"的方针，使红楼一经使用，就在这里会集了许多社会名流、著名学者任职任教，如陈独秀、李大钊、鲁迅、胡适、钱玄同、刘半农、杨昌济、马叙伦、马寅初、李四光、沈尹默等。北大红楼因此发生了许多影响中国政治、经济、文化、社会的大事件。

北大红楼当之无愧地承受许多美誉，仅仅在政治上，它就被赋予了许多含义。譬如，说红楼是新文化运动的大本营，《新青年》的主编和运动的干将都集中在这里；说红楼是五四运动的出发地，从游行的时间、领导人、传单到队伍的集中和出发都源自这里；说红楼是传播马克思主义的窗口，有李大钊的文章、课程，有马克思学说研究会的活动为证明；说北大红楼是锻炼青年领袖的场所，有新潮社、平民教育讲演团、新闻学研究会、工读互助团等社团不胜枚

第三辑 一条川流不息的长河

北大校长蔡元培与蒋梦麟（左一）、胡适（左三）、李大钊（左四）的合影

五四运动期间变成接待室的北大法科学堂

举；说北大红楼是接触外部世界最多的地方，所以最早俄共远东局代表维经斯基从这里进入和离开；说红楼是中共早期组织的策源地，有时间，有地点，有人物，有过程；说红楼是民主革命的风向标，因为反帝反封建的任何重大运动、事件，都有红楼的身影；说红楼是志士仁人的纪念碑，可以列出一份长长的名单。

以上的每一项定位，都可以用大量的史实和篇幅来展开。这里，只就北京共产党小组的诞生，细表红楼的影响。

北大红楼与北京共产党小组

中国共产党的诞生，是马克思主义与中国工人运动实际相结合的产物。这两个前提，都有北大红楼人物的努力。

五四以前，马克思主义在中国主要是作为欧洲社会主义学说的一个派别被宣传和介绍的。这些介绍，许多认识是模糊、错误的。直到十月革命之后，中国的思想界才出现了正确阐述马克思主义原理的文章，其中尤以李大钊的长文《我的马克思主义观》为代表。作者对马克思主义的三个组成部分——政治经济学、科学社会主义和唯物史观做了介绍，并强调："这三部分理论，都有不可分的关系，而阶级竞争说恰如一条金线，把这三大原理从根本上联络起来。"

在红楼，由李大钊、邓中夏、黄日葵、高君宇、刘仁静、罗章龙等组织的马克思学说研究会，更是对创建中国共产党有直接的促进作用。不仅正面宣传，甚至围绕马克思主义传播而产生的论争，也是在北大红楼的同事之间展开的。胡适主张多研究些问题，少谈些主义，李大钊则认为这是改良主义的，他指出："社会问题必须有一个根本解决，才有把一个一个的具体问题都解决了的希望。"

北大的先进分子还在五四运动之后，走出红楼，主动到长辛店、南口等地联系工人及民众，通过工人夜校、平民教育讲演等形式，实现和工人运动的结合。

1920年8月，从北大红楼走出的陈独秀与李汉俊、李达等在上海成立了共产党小组。上海的建党活动，进一步促进了北京建党工作的开展。

1920年10月，北大教授、图书馆馆长李大钊，北大讲师张申

复原后的李大钊办公室

府，学生张国焘三人在北大红楼一层李大钊办公室正式成立了北京共产党小组。1920年11月，张申府去法国里昂大学教书，小组只剩下李大钊和张国焘两人，随后吸收了黄凌霜、陈德荣、袁明熊、张伯根、华林、王竞林等六人加入小组，不久又发展了刘仁静、罗章龙等加入小组。小组内的工作由各人自认分担：李大钊承担组内外的联络工作，张国焘承担工运工作，黄凌霜、陈德荣分担《劳动音》周刊的编辑和发行工作，罗章龙、刘仁静负责发起组织社会主义青年团。李大钊还从自己每月120元薪俸中捐出80元，作为小组的活动经费。11月，北京社会主义青年团在北大红楼成立。

然而，此时在北京共产党小组内发生了共产主义者与无政府主义者之间的严重分歧。分歧主要有两点：一是组织问题。黄凌霜等无政府主义者主张自由联合，不赞成全国性和地方性的领导，反对党的纪律和分工。二是关于无产阶级专政的问题。无政府主义者反对无产阶级专政，认为权力、法律及政府是一切罪恶的根源，因而反对一切政府包括无产阶级专政的政府。针对无政府主义者的观点，李大钊写文章，阐述社会及

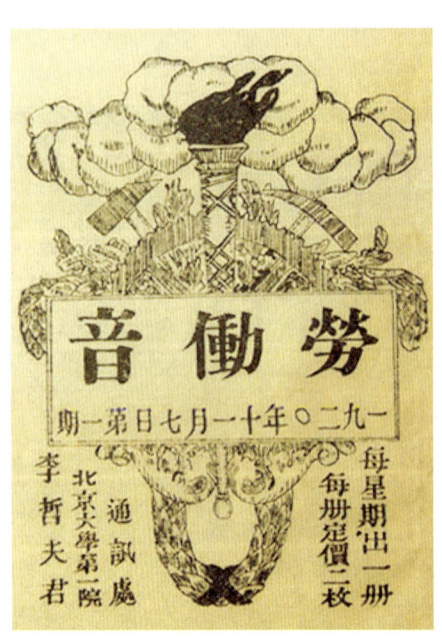

1920年11月7日，北京共产党早期组织创办《劳动音》周刊

北大红楼外景

社会团体需要秩序和纪律，共产党更要有严密组织性。这番争论之后，无政府主义者除陈德荣外，其他都退出了党组织。《劳动音》周刊由罗章龙接办。无政府主义者退出组织后，北京社会主义青年团骨干邓中夏、高君宇、何孟雄、缪伯英等成为北京的共产党早期组织成员。

1920年11月，随着人员的增加，组织的扩大，决定将北京共产党小组命名为中国共产党北京支部。李大钊被推选为书记，张国焘负责组织工作，罗章龙负责宣传工作。

北京共产党小组的成立及其所做工作具有十分重大的意义，为组建全国统一的中国共产党做出了积极的贡献，使中国人民的革命斗争在经过长期艰难曲折的探索之后，找到新的领导核心。小组的出现，加速了马克思主义的广泛传播。小组的出现，团结了一批具有初步共产主义觉悟的知识分子，锻炼了党的早期骨干，出现了李大钊这样的党的领袖。小组的出现，形成北方共产主义运动的中心，促进了北方各地党组织的成立和革命斗争的开展。

北大红楼见证了这些伟大的时刻。

沥血呼唤新青年
——陈独秀与《新青年》编辑部

《新青年》的主编和编委

1917年初,北京东城北池子大街箭杆胡同9号(今箭杆胡同20号)一座具有浓郁老北京味道的小院落,迎来了新的主人。这个39岁的文化人,正是既有政治抱负,又饱读诗书的《新青年》主编陈独秀。

陈独秀租赁的新宅离北大红楼和景山不远,与北大法科更是比邻。小院面积不大,有房屋数间,环境幽静,又方便出行。陈独秀把南房三间当作自己的住所,北房三间则是《新青年》的编辑部。唯恐刊物的读者和作者不知,还在街门的传达室外挂上了《新青年》编辑部的牌子。

由陈独秀主编的《青年杂志》自1915年9月15日在上海创刊以来,因为高举民主和科学两面大旗,已成为新文化运动的标志。

红迹 | 绵延赓续

北京箭杆胡同 20 号《新青年》编辑部旧址

1916 年第 2 卷第 1 期改名为《新青年》后，更是名声大噪。陈独秀受到北大校长蔡元培的赏识，受聘于北京大学，任文科学长，《新青年》编辑部便随其迁至这里。

《新青年》编辑部到北京后不久，由原来陈独秀一人主编改为志同道合的同人分别编辑,按月轮流主编。陈独秀负责各卷号的编务,对文章做最后定稿,并寄给上海群益书社刊印发行。很快,陈独秀的周围聚集了一批以北大教授为主的优秀思想者和文化先驱。李大钊、钱玄同、胡适、高一涵、沈尹默、鲁迅、周作人、刘半农等都加入到编辑部中来,并成为主要撰稿人。那时,"《新青年》每出一期,就开一次编辑会,商定下一期的稿件"(鲁迅语)。迁京后,《新青年》的作者队伍也在迅速扩大。这座极不惹眼的小院,集聚了新文化运动初期的主要倡导者和领导人。

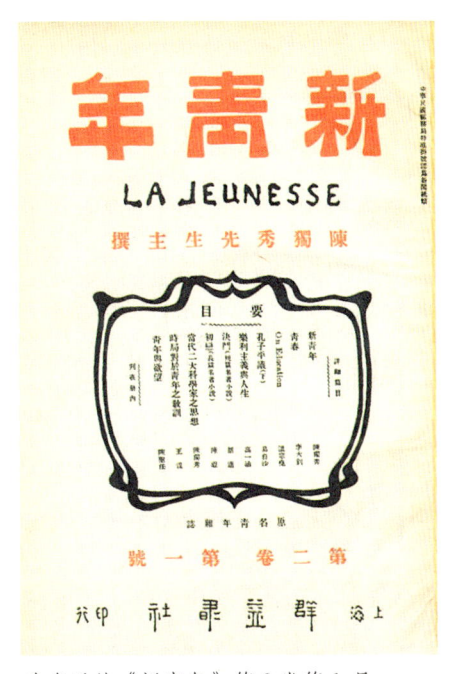

改名后的《新青年》第 2 卷第 1 号

《新青年》与新文化运动

《新青年》创刊号上发表了陈独秀的《敬告青年》一文,向青年们提出六点希望:自主的而非奴隶的;进步的而非保守的;进取的而非隐退的;世界的而非锁国的;实利的而非虚文的;科学的而非想象的。宣传"民主"与"科学",号召政治解放、经济解放、妇女解放,成为新文化运动的倡导者和重要阵地,它的创刊成为新文化运动开始的标志。迁京后,北京大学、箭杆胡同9号成了新文化运动的指挥部。

1917年2月,陈独秀在《新青年》上发表《文学革命论》,正式提出了文学革命的口号,主张"推倒雕琢的阿谀的贵族文学,建设平易的抒情的国民文学;推倒陈腐的铺张的古典文学,建设新鲜的立诚的写实文学;推倒迂晦的艰涩的山林文学,建设明了的通俗的社会文学"。《新青年》把提倡民主和科学的反封建斗争与反对文言文和八股文、进行文学革命结合起来,以提倡白话文

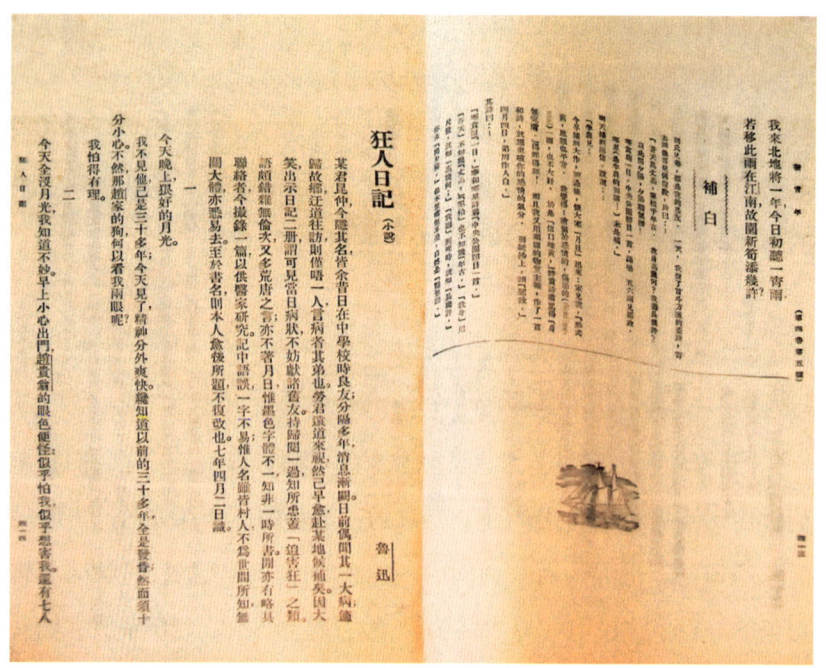

发表在1918年《新青年》第4卷第5号上的《狂人日记》

作为突破口，从 1918 年起几乎全用白话文和新式标点。在《新青年》上曾发表有胡适的《文学改良刍议》，陈独秀的《文学革命论》，鲁迅的《狂人日记》《孔乙己》《药》等作品，以及沈尹默、刘半农、胡适、陈衡哲等人的白话诗。鲁迅后来这样说到陈独秀："他是催促我做小说最着力的一个。"

1935 年，胡适为《新青年》重印题词时说："《新青年》是中国文学史和思想史上划分一个时代的刊物，最近 20 年中的文学运动和思想改革，差不多都是从这个刊物出发的。"

《新青年》与五四运动

《新青年》杂志一直以来被誉为"青年界之金针"和"良师益友"，1919 年五四运动爆发后，身处北大的陈独秀、李大钊更是通过北京的邓中夏、高君宇，天津的周恩来、马骏，湖南的蔡和森、毛泽东及各地的一大批先进知识分子，指引着五四运动的蔓延和发展，事实上成为领导运动的中心。

在《新青年》的倡导下，当时北京积极提倡新文化、新思想的报纸、刊物如《每周评论》《国民》《新潮》《晨报》《京报》等纷纷行动起来，把五四运动的真相告诉社会各界，把反帝爱国运动迅速扩展到全国各地。

《新青年》创始人陈独秀起草《北京市民宣言》，亲自到北京新世界游艺场抛撒的行动，更是给五四爱国运动助威，推进了运动向更深层次发展。

《新青年》与马克思主义传播

俄国十月革命后爆发的五四运动,打开了遏制新思想涌流的闸门,掀起一股思想解放的潮流,为适合中国社会需要的新思潮,特别是马克思主义在中国的传播,创造了有利条件。

1919年9月,《新青年》第6卷第5号开辟"马克思主义研究"专号,李大钊负责该专号的编撰,并发表《我的马克思主义观》一文,文章比较系统地介绍了马克思主义的唯物史观、剩余价值学说和社会革命的理论,标志着李大钊已经成为一个马克思主义者。该文于同年11月同刊第6卷第6号载完。

五四时期,《新青年》刊登的传播社会主义、马克思主义的文章有:

刊登文章	著/译者
《女子将来的地位》	德国倍倍尔著　汉俊译
《唯物史观在现代历史学上的价值》	李大钊著
《马克思还原》	李达著
《社会主义与中国》	李季著
《社会主义史序》	蔡元培著
《到工团主义的路》	英国哈列著　李季译
《废止工钱制度》	英国柯尔著　高一涵译
《俄罗斯苏维埃政府》	美国洛史、伯尔曼著　张慰慈译
《俄罗斯同业组合运动》	伦敦俄罗斯人民通讯社著　汉俊译
《苏维埃共和国产妇和婴儿及科学家》	Lincoln Eyre 著　汉俊译
《关于苏维埃俄罗斯的一个报告》 （中俄通讯社来稿）	

续表

刊登文章	著/译者
《苏维埃的平民教育》（莫斯科苏维埃《年历公报》）	杨明斋译
《俄国职工联合会发达史》	托穆斯基著　杨明斋译
《全俄职工联合大会》（纽约 Soviet Russia 周报）	震瀛译

主要由李大钊、胡适在《新青年》上展开的关于"问题"与"主义"的论争，引起了社会各界的重视，极大地加速了马克思主义的传播和影响。

五四前后，以《新青年》为榜样，各地倡导新文化、新思潮的刊物如雨后春笋般涌现出来，仅北京就有《每周评论》《新潮》《国民》《少年中国》《曙光》等刊物，形成以《新青年》为主阵地的传播马克思主义思想的舆论氛围。

《新青年》与中国共产党

陈独秀、李大钊在北京期间合作共事、共同领导新文化和五四运动，为中国共产党成立准备了思想理论基础——马克思主义，准备了组织和干部基础——在五四运动中涌现和锻炼出来的骨干。从1917年初到1920年2月，《新青年》在京编辑出版了近30期杂志，影响了五四时期一代热血青年。

1919年6月11日，陈独秀在北京新世界游艺场散发传单时，被

上海南昌路 100 弄的《新青年》编辑部旧址

军阀政府的暗探逮捕。9月16日，迫于全国各界压力，陈独秀被释放。1920年2月，为躲避反动军阀政府的迫害，陈独秀从北京秘密迁移上海。在护送陈独秀离京途中，李大钊同他商讨了在中国建立共产党组织的问题。《新青年》编辑部随陈独秀迁往上海，第7卷第4号开始在上海编辑，但杂志版权页上刊登的编辑部地址仍是北京箭杆胡同9号。

1920年8月,陈独秀在上海建立中国第一个共产主义小组,同年9月,《新青年》第8卷第1号改版为中共上海发起组的机关刊物,陈独秀发表《谈政治》一文,明确宣布信仰科学社会主义。

1921年7月,中国共产党第一次全国代表大会在上海召开,最后一天转移到浙江嘉兴南湖举行。大会宣告中国共产党成立,陈独秀在缺席的情况下被大会选举为中央局书记。毛泽东在中共第七次代表大会预备会议上曾指出:"五四运动替中国共产党准备了干部。那个时候有《新青年》杂志,是陈独秀主编的。被这个杂志和五四运动警醒起来的人,后头有一部分进了共产党,这些人受陈独秀和他周围一群人的影响很大,可以说是由他们集合起来,这才成立了党。"

1923年6月中共三大后至1924年12月,《新青年》改为季刊,成为中国共产党的理论刊物。1925年至1926年,由于党的实际工作日益繁忙,《新青年》改为不定期出版,直到1926年7月25日停刊。10年间,总共出刊63期。作为中国共产党早期历史的重要组成部分,《新青年》为中国革命的开展、中国共产党的创建与初期发展发挥了重要的作用。

陈独秀自1921年9月从广州到上海主持中共中央工作,一直到1927年,连任了五届党的最高领导人。

国共合作开新域
——翠花胡同的国民党北京执行部和市党部

国共合作的北方和北京领导机关

中国国民党及其前身在北京有较长的活动历史，许多革命志士为反对封建王朝被捕、牺牲，因此在群众中具有一定的声誉和影响。在北洋政府统治下的北京，国民党处于半公开状态。在政界、军界、教育界上层有国民党元老，在青年学生中也有一些信仰三民主义的进步分子。但是，由于国民党没有提出明确的反帝反封建的纲领，加之成分复杂、组织松散、党员蜕化，因此丧失了朝气和号召力。

1923年中共掀起的第一次中国工人运动高潮，由于中国革命的敌人过于强大，导致二七大罢工的失败，同时说明无产阶级政党必须联合更大的力量。李大钊等党的领袖开始与当时中国最大的政党国民党联系，并在1923年6月中国共产党第三次全国代表大会上通过了建立联合战线的决议。9月,李大钊就与在京的国民党元老王法勤、丁惟汾、李石曾等研究了重建北京国民党组织的问题。到11月间,在北京的国民党员已由原来的十余人迅速增加到1000多人,其中共产党员和社会主义青年团员约占1/3。

1924年1月国民党第一次全国代表大会的召开,标志着第一次国共合作统一战线的建立。李大钊、于树德等北京的中共党员出席了国民党一大,会后贯彻大会精神,于1924年4月20日在东城区织染局胡同29号,成立了国共合作的中国国民党中央执行委员会北京执行部,负责黄河以北广大地区国民党的组织领导工作。执行部下设组织、宣传、工人、农民等七个部门,李大钊、于树德、丁

中国国民党第一次全国代表大会召开标志着第一次国共合作形成

惟汾等人担任了各部部长。何孟雄、蔡和森、朱务善、张昆弟、王尽美、缪伯英等中共党员和国民党员路友于、王法勤等参加了执行部的工作。截至1925年10月，国民党北京执行部所辖山东、山西、绥远、热河、吉林、陕西、内蒙古、察哈尔等15个省区，已有党员14000余人。

1924年7月，国民党北京市党部成立。市党部是在北京执行部领导下，负责北京市国民党组织及各项工作的领导机关。市党部管辖9个区党部，内设秘书处、组织部、青年部、工人部、妇女部、宣传部、实业部。中法大学学生、中共党员陈毅任市党部负责人。

合则两利，吸收北京中共党员和青年团员之后，国民党的质量有了很大提高，呈现出勃勃生机。打着国民党的旗号，共产党员也可以在北京半公开地活动，促进了中共北方组织的迅速发展，党员人数从1924年5月的75人，增加到1925年的1700多人。1925年5月中共中央对北方区的工作给予高度评价，国民党二大决议案也对北京的工作表示满意。

热闹的翠花胡同

1925年2月20日，国民党北京执行部由景山北面的东城织染局胡同29号迁至翠花胡同8号，国民党北京市党部也随之而来。

翠花胡同位于景山东面，北大红楼的东南侧。明朝属保大坊，清朝属镶白旗。东西走向，东起王府井大街，西至东黄城根南街，全长322米，宽约5米。胡同南面同向并排的是明代特务机关所在

翠花胡同8号国民党北京执行部旧址

地、恶名远播的东厂胡同。翠花胡同中规整的四合院很多,大宅门不少,住过不少有身份的人家。辫子军头目、搞复辟的北洋军阀张勋曾住在胡同9号。翻译过十月革命后苏俄消息、列宁著作、俄共党纲的北大教授及九三学社创始人之一张西曼住在胡同12号。

国民党北京执行部和北京市党部所在的翠花胡同8号是一个四合院,大门朝南,进深约44米,总面积约1300平方米。大门左侧为一排南房,戗檐上有雕花;右侧有一间门房。前院到中院有一穿堂门。中院有正房三间,正房两侧各有一耳房;东西各有一排厢房。后院是一排北房。

大革命期间，由国民党北京执行部和市党部领导的群众运动此起彼伏，较大的运动先后有：废除不平等条约，反对段祺瑞的"善后会议"；召开国民会议促成会全国代表大会；声援五卅运动；要求关税自主，发动首都革命；三一八抗议运动，追悼三一八烈士；支援北伐战争；等等。这些运动不仅限于北京、天津等大城市，也不仅只是青年学生参加，而是波及面广，各阶层群众都积极加入。如在促进国民会议运动中，通化、献县、烟台等偏僻的地方和中小城市，也都建立了相应的组织。声援五卅运动持续时间达三个月之久，召开了由480多个团体组成、30多万人参加的北京各界反对英日帝国主义残杀同胞雪耻大会。历次群众斗争的目标都比较明确，喊出了"打倒帝国主义""打倒封建军阀""全世界被压迫民族团结起来"等口号。其间，北京先后成立了以共产党员、国民党左派为骨干的工会、农会、学生会、女权运动大同盟、非宗教同盟、反帝国主义运动大联盟等进步团体。

那时候，进出翠花胡同的人员络绎不绝，热闹非凡。报纸上、人们的谈话中，只要一说翠花胡同，就知道是指执行部、市党部。

国民党左、右派的分歧

北方国共两党的合作并不是一帆风顺的。在筹备国民党北京执行部时，以石瑛为代表的国民党右派要求执行部多留些部长的位置，以安置他们的亲信。李大钊等坚决反对，坚持通过召开中央执行委员会议来决定部长人选。由于在京的国民党中央委员、候补委员多为共产党员和国民党左派，使共产党员和国民党左派在执行部中获得了绝大多数部长职位。

1925年初，国民党右派在北京成立"国民党海内外同志卫党同盟会""国民党护党同志驻京办事处"，以后又组成了"国民党同志俱乐部"。在历次群众运动中，右派总是另立番号，严重地削弱了革命力量。1925年3月10日，国民党中央执行委员会会议在京召开，于树德、李大钊在会上力陈"国民党同志俱乐部"等右派团体的危害，会议最终议决"登报否认该俱乐部为本党同志所组织""与本党毫无关系"。5月，国民党中央执行委员会全体会议正式通告，对冯自由、马素、江伟藩等予以除名。1925年7月，国民党北京市党部改称国民党北京特别市党部。

五卅运动后，原在广州、上海等地的国民党右派分子先后北上。1925年10月，国民党右派林森、邹鲁、谢持等人纠集暴徒，企图用武力强占翠花胡同国民党北京执行部和北京特别市党部的办公地点。25日，他们乘共产党员和国民党左派领导人在天安门举行国民大会之机，率领四五十人，手持铁棍、木棒，闯入国民党北京执行部，抢走一方印章和若干簿册。由于执行部已将重要文件和资料妥善转移、收藏，右派的阴谋未能得逞。

11月23日，他们又在北京碧云寺召开所谓国民党一届四中全会，即"西山会议"，通过了"取消共产派在本党之党籍"等议案。针对右派的一系列反动言行，中共北方区委和共青团北方区委联合发表《致中国国民党党员书》。国民党北京执行部及时向国民党中央报告了西山会议派的分裂活动，在全国范围内发起了一场反对国民党右派的斗争。1926年1月，国民党二大根据孙中山遗嘱，重申了联俄、联共、扶助农工三大政策，将谢持等人开除出党。

撤销机构，易地指挥

1926年1月1日，国民党北京执行部和北京特别市党部在翠花胡同8号举行升旗典礼。李大钊发表《青天白日旗帜之下》的演说，他回顾了国共合作之后国民革命运动的发展，对革命的胜利充满了信心。他说："这青天白日的革命旗，已经很庄严的飘扬在中国首都的北京，作北方民众革命的指导。""在近来每次北京的民众运动中，布满全城的，不是青天白日旗，便是青天白日满地红旗，而五色旗则独不多见，这是中国国民党联合中国工农民众完成中国国民革命的象征，亦就是中国民族联合全世界弱小民族及无产阶级企图世界革命的象征。"为了打破帝国主义及反革命的势力，他号召"我们国民党中的同志，不论他是共产主义者，抑是非共产主义者，都应该在青天白日旗帜之下，披肝沥胆的提携起来，把由内部发生的误会或敌人挑拨的造谣而生的疑云障雾，一扫而空之！"

1926年1月，国民党二大决定取消在各地设置执行部的制度。2月25日，中国国民党中央执行委员会北京执行部在《京报》上刊载启事：按国民党二大决议执行，市内党务仍归北京特别市党部（翠花胡同8号）办理，北方国民党的工作由将要成立的国民党中央政治会议北京分会负责。

1926年3月18日，三一八惨案发生。3月下旬，反动当局到处搜捕革命党人，北京笼罩在严重的白色恐怖之下，中共北方区委、北京地委、国民党北京特别市党部由翠花胡同8号迁到东交民巷苏联大使馆西院的原俄国兵营内，继续领导北方地区和北京的国共两党工作。即使在这样的情况下，北京国民党组织依然有所发展，时有区党部9个，下辖区分部91个。在大批党员南下广东、两湖、江浙的情况下，党员仍然保有2700多人。

三一八惨案后高举着被枪杀学生血衣游行的队伍

1927年4月，奉系军阀闯入东交民巷原俄国兵营，逮捕了在此工作的共产党、国民党北方领导机关的成员80多人。28日，共产党人李大钊、范鸿劼等与国民党北京特别市党部农民部部长莫同荣、组织部部长谢伯俞、执委兼文书谭祖尧、常委邓文辉、妇女部部长张挹兰等20人，壮烈地牺牲在绞刑架下。

亢慕义斋悟真谛
——北京大学马克思学说研究会图书室

共产主义学堂

20世纪20年代初,东城沙滩后街有几排平房,是北大的西斋,产权属于北京大学。沙滩后街59号与其他平房的外观没有不同,室内布置却大不一样。墙壁正中挂着马克思像,像的两边贴着一副对联:"出研究室入监狱,南方兼有北方强。"墙上还有两句标语:"不破不立,不立不破。"墙的四壁还贴有不少革命的诗歌、箴言、格言等。

这两间由校长蔡元培从北京大学借来的屋子,是北京大学马克思学说研究会活动的场所。那个时候,在北大只要是研究学问的组织或团体,什么哲学研究会、国学研究会、新闻学研究会、社会主义研究会、学生联合会,只要向校方申请,都能够得到这样一两间活动室。马克思学说研究会把其中一间当办公室,一间当图书室、

亢慕义斋旧址

翻译室。后者取名为亢慕义斋。"亢慕义"即英文"Communism"（共产主义）的音译，也有说亢慕义斋是德文"Das Kommunistsche Zimmer"的音译，即共产主义之室的意思。

将马克思及其学说介绍到中国，并非北大为先。19世纪末20世纪初，一些外国在华书刊就登载过介绍马克思学说的文章。但是，这些一鳞半爪式的介绍并没有引起多大的社会反响。1917年俄国十月革命第一次把马克思主义从理论变为活生生的现实，中国先进分子开始认识和接受马克思主义。在中国早期的马克思主义传播中，李大钊起着主要作用。从演讲讴歌十月革命，到1919年9月在《新青年》上推出"马克思主义研究"专号，李大钊是中国系统传播马克思主义并主张向俄国十月革命学习的第一人。

为了进一步地深入学习和研究，1920年3月，李大钊与邓中夏、高君宇等多次酝酿和讨论，决定组织一个马克思主义的研究团体，这个团体名叫"马克斯学说研究会"。研究会成立时是秘密的，1921年11月，才在《北京大学日刊》上登出《北京大学发起马克斯学说研究会启事》，对外公开。研究会的发起者有邓中夏、黄日葵、高君宇、何孟雄、范鸿劼、朱务善、李骏、杨人杞、李梅羹等19人，多是北大学生及旁听生。李大钊是研究会顾问。研究会的宗旨是"以研究关于马克斯派的著述为目的"，"对于马克斯派学说研究有兴味的和愿意研究马氏学说的人，都可以做本会底会员"。研究会公开后，很多青年踊跃加入，除北京大学学生外，北京女子高等师范学校的缪伯英等也成为会员。外地报名入会成为通讯会员的人一时大增，至1923年初，

《新青年》第6卷第5号"马克思主义研究"专号

共吸收会员 250 余人。亢慕义斋作为公开的活动场所,研究会的成员经常在此朗诵译文和诗歌,定期举行有关马克思主义的讨论会、演讲会。这个研究会是中国最早的一个比较系统学习和研究马克思主义的团体。

以研究著述为目的

时任北京大学图书馆主任的李大钊

马克思学说研究会的主要活动是搜集、采购和翻译马克思主义文献,分专题进行马克思主义研究,编译刊印马列著作。除向北大图书馆借阅外,还由会员个人通过各种渠道购买捐献,北大图书馆主任李大钊也帮助研究会从国外购书。据《北京大学日刊》1922 年初记,研究会当时已拥有马克思主义的英文书籍 40 余种、中文书籍 20 余种。到 4 月已有英文书籍 70 余种,德文书籍七八种,其中马恩著作有《共产党宣言》《社会主义从空想到科学的发展》《哲学的贫困》《家庭、私有制和国家的起源》《德国的革命与反革命》《路易·波拿巴的雾月十八日》《法兰西内战》《雇佣劳动与资本》等,列宁的《共产主义运动中的"左派"幼稚病》《无产阶级革命》。中文书有陈望道译的《共产党宣言》、恽代英译的《阶级争斗》、李汉俊译的《马克思资本论入门》、李季译的《社会主义史》等。据研究会成员罗章龙回忆，研究会曾翻译过《共产党宣言》《震撼世界的十日》和一些宣传唯物论、进化论的西方书籍。翻译《资本论》这样的经典著作，对于大学一、二年级的学生来说确实很难。会员请德文老师讲解，连老师也说："认得文字，但不懂得意思。"

研究会设干事会主持会务，推举罗章龙为干事会书记，下设劳动运动研究、《共产党宣言》研究和远东问题研究三个特别研究小组。后又细分为十个研究小组，分别是"唯物史观""阶级斗争""剩余价值""无产阶级专政及马克思预定共产主义完成的三个时期""社会主义史""晚近各社会主义之比较及其批判""经济史及经济学史""俄国革命及其建设""布尔什维克党与第三国际共产党之研究""世界资本主义国家对世界各弱小民族掠夺之实况——特别注意于中国"。会员只要力所能及，可同时参与几个组的研究活动。在讨论会上，会员可以讲自己的研究成果，其他会员可就此提出自己的看法，开展讨论和交流。

研究会当时碰到的理论问题很多，面对的中国实际问题也很多。真理越辩越明，研究会每星期六晚举行一次讨论会，每月举行一次讲演会，还举行不定期的辩论会。李大钊、陈启修都在这样的场合做过演讲，如研究会曾经通知："5月5日（星期五）是马克思诞生百又四周年纪念日。本会定于是日下午一时在北大第三院（北河沿）大礼堂举行纪念大会，并请李大钊、顾孟余、陈启修、高一涵诸先生讲演。此会系公开性质，无论何人均一律欢迎。"讲座每星期六晚7时召开，"先由会员一人述释该题之内容及其要点，然后付之讨论。

"亢慕义斋"现存的 8 本书籍

一次讨论不完,下次续之"。会员们还围绕"社会主义是否适宜于中国",与胡适、张东荪等人展开辩论,并邀请李大钊做评判员。研究会的辩论会总能吸引校内外很多师生。

理论要付诸实践

北京大学马克思学说研究会从秘密成立到向社会公开期间,正是陈独秀、李大钊在中国酝酿成立中国共产主义组织的时候,二者之间有密切的联系。让我们看看下面这张时间表。

1920 年 2 月,李大钊掩护陈独秀由天津去上海,路上他们研究了在中国成立共产党的必要性和紧迫性。3 月,北京的马克思学说研究会成立。4 月,俄共远东局代表维经斯基到北京大学与李大钊等研究会的成员座谈,认为在中国建立共产党组织的条件已经成熟。

李大钊又介绍他去上海与陈独秀联系建党一事。5月，上海马克思学说研究会成立。8月，上海共产党早期组织成立。除北京"马克思学说研究会"，上海"马克思主义研究会"外，那些产生中共早期组织的地方，也都出现过类似的组织。如武汉称"马克思学说研究会"，广州称"马克思主义研究会"，济南称"马克思学说研究会"，长沙称"俄罗斯研究会"。这些"研究会"对于扩大马克思主义的传播产生过很大的影响，为建党做了必要的准备。

李大钊在总结马克思学说研究会和党早期组织的关系，总结俄国革命的成功经验后，认为在中国仅仅建立马克思学说研究会，进行理论上的研究已经远远不够，必须在筹建无产阶级政党方面有实际的行动。1921年3月，他在《团体的训练与革新的事业》一文中强调，"毫无团体训练的人民，也不能产生有力的民众运动"，有了团体的组织与训练，才能发挥出强大而惊人的力量。他公开呼吁"要急急组织一个团体。这个团体不是政客组织的政党，也不是中产阶级的民主党，乃是平民劳动家的政党"（即共产党），指出："中国现在既无一个真能表现民众势力的团体，C派（共产主义派）的朋友若能成立一个强固的精密的组织，并注意促进其分子之团体的训练，那么中国彻底的大改革，或者有所附托！"

在中国共产党创立阶段，北大马克思学说研究会的19个发起人中，李大钊、邓中夏、罗章龙、吴汝铭（吴雨铭）、李梅羹、刘仁静、范鸿劼、高君宇、何孟雄、朱务善等成为北京共产党早期组织成员。19人中至少有15人在1923年以前加入了中国共产党。在1922年统计的152名会员中，有1/3以上曾经加入过中国共产党。

北大马克思学说研究会存在的时间较长,直到1925年还有活动的记载。研究会影响较大,成员增加得很快,1921年底有50余人,1922年发展到150余人,1923年更发展到300人。研究会为北京和北方地区党、团建设做了大量的思想上和组织上的准备。

亢慕义斋的影响和作用不可低估。

两度来京定初心
——毛泽东早期在北京的住地和活动

第一次来京：结识师友，收获爱情

北京是一座有着 3000 多年建城史和 800 多年建都史的历史文化名城，长期以来都是中国的政治中心和文化中心。北京拥有美丽的山川河流、丰富多彩的人文景观、宏伟壮丽的宫殿建筑和众多的名胜古迹，吸引着全国各界、各阶层的民众前来学习、工作、经商、旅游。

1918 年 8 月，一个操着湖南口音的青年踏上了这片土地，他就是年方 24 岁、刚从湖南省立第一师范毕业的毛泽东。从这年 8 月 19 日至次年 3 月 12 日，毛泽东在北京生活和工作了 206 天。

毛泽东到北京并不是为了游山玩水，先他到京的蔡和森转达了他们的老师杨昌济先生"希望兄入北京大学"，以打下"可大可久之基"的愿望，并一再催促他北上；同时毛泽东还肩负着组织护送湖

毛泽东第一次来京时居住的杨昌济故居

南新民学会同学赴法勤工俭学的任务。所以,毛泽东初到北京,自然寄居于老师杨昌济的家里。

杨的寓所位于东城区豆腐池胡同15号(原9号),为一座长30

米、宽12米的两进院落，院门上挂有"板仓杨寓"的铜牌。大门开在东南角，有紫气东来之意。前院有北房、南房各三间，北房东边为杨昌济住房，西边为女儿杨开慧住房；南房两明一暗，西侧两间为会客室，毛泽东与蔡和森住在南房靠院门的单间里。后院有北房四间，住其他家属。其实杨家住此也没有多久，1918年6月，杨昌济被聘为北京大学教授，全家才从湖南迁来此地。

杨昌济在湖南省立第一师范任修身、教育学教员时，就对毛泽东、蔡和森十分器重。他曾向章士钊推荐说"二子海内人才，前程远大，君不言救国则已，救国必先重二子"。

毛泽东来京后，杨昌济很快通过蔡元培、李大钊，安排他在北京大学图书馆勤工俭学，做图书登录工作，以后又调整为阅览室管理员。毛泽东当时的工作地点在北大红楼一层西边的图书馆第二阅览室即报纸阅览室，负责整理每天送来的14种中外文报纸，其中包括北京的《甲寅日报》《国民公报》《惟一日报》《顺天时报》《华文日报》，天津的《大公报》，长沙的《大公报》，上海的《神州日报》《民国日报》，奉天的《盛京日报》，杭州的《之江日报》，英文《导报》，日文《新支那》《大阪朝日新闻》，同时负责登记阅览者姓名。

月薪8块大洋虽不多，但已足够毛泽东日常的开销。每天的工作虽然简单，但通过这项工作，毛泽东结识了许多他心仪许久的新文化运动的干将、北京大学的著名师长和学生，如蔡元培、陈独秀、胡适、傅斯年、罗家伦等。特别是在此期间，毛泽东得到李大钊等人的帮助，接受俄国十月革命的思想，开始学习马克思主义。

原北大红楼图书馆报纸阅览室

后来为了工作近便，毛泽东与蔡和森、罗章龙等七人，从杨昌济家搬到在距北大红楼不远的景山东街三眼井胡同吉安所左巷8号（原吉安东夹道7号）居住。该院是一所普通的居民宅院，占地面积约100平方米。院内有北房三间，东、西耳房各一间，东房两间。新民学会总干事萧子升出面，租下该院三间北房。同住的有萧子升、罗学瓒、蔡和森、陈绍休、陈焜甫、罗章龙、欧阳玉山等。屋内仅有一铺大炕，人多炕窄，条件十分艰苦。多年后，毛泽东曾在陕北对来访的美国记者斯诺回忆："我住在一个叫做三眼井的地方，同另外七个人住在一间小屋子里。我们大家都睡到炕上的时候，挤得几乎透不过气来。每逢我要翻身，得先同两旁的人打招呼。"寒冬腊月，小屋内"隆然高炕，大被同眠"是毛泽东对此所做的形象描绘。

在这样艰苦的环境里,毛泽东、蔡和森等居住了六个多月。为了实现赴法勤工俭学的目标,他们邀请李石曾等人介绍留学情况,制订留法工作计划,筹措出国经费,并先后在北京大学、保定育德中学、长辛店等处举办留法预备班,做出国的各种必要准备。1919年3月12日,毛泽东离开北京前往上海,送别同学赴法,由此结束了他的第一次北京之行。这一天,距离五四运动爆发只有53天。

毛泽东没有去法国,也没有进入北大。他后来回忆说:"我陪同一些湖南学生去北京。虽然我协助组织了这个运动,而且新民学会也支持这个运动,但是我并不想去欧洲。我觉得我对自己的国家还了解得不够,我把时间花在中国会更有益处……我另有打算。"

在北京,毛泽东与老师的女儿杨开慧的交往逐步增加,愈益密切,他们确立了情侣关系。1920年冬,毛泽东与19岁的杨开慧结婚,只可惜此时杨昌济先生已经因病离世。

第二次来京:领导反对军阀的实际斗争

1918年3月,北洋政府任命皖系军阀张敬尧为湖南督军和省长。此人在湘实行残暴统治,胡作非为,五四运动后,更是强迫解散湖南省学生联合会,查禁《湘江评论》。1919年9月,湖南人民开展驱除张敬尧的斗争,12月,长沙学生发布"张毒一日不清,学生一日不返校"的驱张罢课宣言。

为了扩大驱张运动的影响,由新民学会骨干毛泽东、彭璜、何叔衡、夏曦等人率领湖南公民代表团，分赴北京、衡阳、常德、广州等地，争取支持。无疑，赴京团队是其中最重要的一支。1919年12月，为领导驱逐湖南军阀张敬尧的运动，毛泽东第二次来到北京。这次在京115天，直至1920年4月11日方回湖南。

12月18日，毛泽东率领湖南公民代表团抵达北京，入住福佑寺内。福佑寺位于北京北长街北口路东，始建于清顺治年间，康熙皇帝幼年时曾在此"避痘"。雍正元年（1723），这里被赐给宝亲王（乾隆帝）弘历做府邸，但他并未居住，后又被雍正皇帝改为专门祭祀雨神之庙，俗称"雨神庙"，乾隆登基后改建为喇嘛庙，更名福佑寺。

毛泽东深知开展群众运动时宣传工作的重要，一到北京，他就创办了"平民通讯社"，自任社长，亲自撰文《湖南改造促成会发起宣言》，用犀利的笔锋推动驱张运动。平民通讯社自1919年12月22日起，每日印发驱张新闻、稿件150余份，通过通讯社每日向京、津、沪、汉等地报馆发新闻稿，报道驱张缘由、驱张进展，如《湖南请愿团详记》《张敬尧私运烟种的大破获》等。当时北京《晨报》《益世报》《京津泰晤士报》，上海《申报》，武汉《大陆报》等几十家报刊均刊用过平民通讯社的新闻，并发表社论、时评予以支持。张敬尧被驱逐后，该通讯社才停止活动。

毛泽东充分发挥他的组织才能，联络在京的湖南学生和知名人士，于1919年12月28日在烂缦胡同湖南会馆召开有千人参加的湖南各界驱逐军阀张敬尧大会。1920年1月28日上午，毛泽东带领湖南公民代表团全体成员到新华门北洋政府总统府门前请愿，痛斥张敬尧祸湘罪恶，并追踪到总理靳云鹏在棉花胡同的家。直到靳云鹏答应"明日召开国务会议，将湖南问题提出讨论"，请愿者方才散去。代表团在京两个月，组织了七次请愿。每当代表们情绪低落时，都是毛泽东给大家鼓劲。

在毛泽东等湖南民众及全国舆论的压力之下，1920年6月，军阀张敬尧终于被驱逐出了湖南。

确立信仰　矢志不渝

毛泽东在北京组织驱张斗争期间，与北京大学的李大钊、邓中夏、罗章龙等人建立密切联系，并阅读了他们介绍的有关俄国情况和共产主义的书刊，对马克思、恩格斯、列宁著作的搜集和学习，为毛泽东向马克思主义者转变奠定了思想理论基础。

1936年，毛泽东在同埃德加·斯诺的谈话中说，第二次在北京期间，"我热心地搜寻那时候能找到的为数不多的用中文写的共产主义书籍。有三本书特别深地铭刻在我的心中，建立起我对马克思主义的信仰"。这三本书，就是1920年3月秘密成立的北京大学马克思学说研究会图书馆"亢慕义斋"所藏的《共产党宣言》《阶级争斗》《社会主义史》。当然不懂外语的毛泽东看的肯定不是外文的《共产党宣言》，也不可能看到陈望道1920年8月在上海翻译出版的全本《共产党宣言》，极有可能如罗章龙回忆所说："毛泽东第二次来北京的时候，我们有一个庞大的翻译组，大量翻译外文书籍，《共产党宣言》就是其中一本。《共产党宣言》不长，全文翻译了,按照德文版翻译的,我们还自己誊写、油印,没有铅印稿,只是油印稿。我们酝酿翻译时间很长,毛主席第二次来北京后看到了。"

有关毛泽东阅读《共产党宣言》的情况,还有另外一个材料可以证明。1920年1月,毛泽东的老师黎锦熙到福佑寺看望他时,发现他的桌上放着一本《国民》杂志,这本杂志载有

《国民》杂志

《共产党宣言》的前半部分,毛泽东为《共产党宣言》的内容和精神所震撼,推荐黎锦熙也读一读。

在回忆北京那段寻找真理的过程时,毛泽东说:"到了1920年夏天,在理论上,而且在某种程度的行动上,我已成为一个马克思主义者了,而且从此我也认为自己是一个马克思主义者了。""我树立起对马克思主义的信仰。我接受马克思主义,认为它是对历史的正确解释,以后,我对马克思主义的信仰就没有动摇过。"这个"我树立起对马克思主义的信仰""对马克思主义的信仰就没有动摇过"说得非常好!因为五四时期,在探索真理的过程中,随着思想

认识的发展，信仰的变化是经常发生的。毛泽东、周恩来都曾经受到无政府主义、工读主义等形形色色的社会主义的影响。而当他们找到了马克思主义以后，就认定它是指导中国人民解放斗争的思想武器，并且不断地加深对它的理解，结合中国革命和建设的实际丰富它的内容。

这是真正的矢志不渝的信仰，是共产党人不变的初心！

第四辑

一把熊熊燃烧的火炬

有轨电车　盛锡珊绘

流星闪电耀夜空
——陶然亭公园高君宇、石评梅之墓

飞花的芦塘

陶然亭在慈悲庵中,慈悲庵在陶然亭里。听到这样的介绍,你一定不知就里。因为此陶然亭非彼陶然亭,前者指清代的名亭,后者为新中国成立后修建的公园。

作为古迹,公园内的慈悲庵始建于元代,早于陶然亭。排位中国四大名亭之一的陶然亭,创建于清康熙三十四年(1695),建亭的是当时任窑厂监督的工部郎中江藻,他在三面临湖的慈悲庵内建起了一座四面透风的亭子。想是亭成时正值秋日,居高望远,把酒临风,四顾芦花,心旌荡漾。唐代诗人白居易"更待菊黄家酿熟,与君一醉一陶然"的感觉油然而生,于是这亭就沾上了"陶然"的名句。

清康熙至道光年间,该地是城南的名胜,各地来京文人必游之地，林则徐、龚自珍等名人志士常来此游憩吟唱。星移斗转，有不少颂咏陶然亭的名句依然流传，像"烟笼古寺无人到，树倚深堂有月来"（翁方纲）；"慧眼光中，开半亩红莲碧沼，烟花象外，坐一堂白月清风"（沈朝初）；"似闻陶令开三径，来与弥陀共一龛"（林则徐）；"爽气挹山岚，万苇清风带古寺，高踪怀水部，一轮明月照江亭"（张照珏），都可谓惟妙惟肖。

郁达夫《故都的秋》对这里有一番褒奖："不逢北国之秋，已将近十余年了。在南方每年到了秋天，总要想起陶然亭的芦花，钓鱼台的柳影，西山的虫唱，玉泉的夜月，潭柘寺的钟声。"

话虽如此，怎奈近代以来，国势日衰，民国末年这里失于管理，已是荒冢散地，颓迹斑驳，几近垃圾坟场。1950年，毛泽东到陶然亭故地重游，对罗瑞卿等人说：陶然亭是燕京名胜，这个名字要保留。很快这里得到了整治，植树掘池，陶然亭成为中华人民共和国成立后北京市修整开辟的第一家公园。

雪后陶然亭

第四辑　一把熊熊燃烧的火炬

传奇的人物

高君宇（1896—1925），原名高尚德，字锡三，号君宇，山西省静乐县（今娄烦县）人。1916年考入北京大学理科预备班，积极参加和领导了五四爱国运动，是北京大学"学生干事会"干事、"北京市中等以上学校学生联合会"的北大代表、北大平民教育演讲团文牍干事。

1920年3月，高君宇参与成立北京大学马克思学说研究会；10月，北京共产党小组成立，他是小组最早的成员之一；11月，他参与发起北京社会主义青年团，被选为第一任书记。1921年5月，他在山西太原建立青年团。1922年1月，高君宇作为中国共产党的代表，出席了共产国际在莫斯科召开的远东各国共产党及民族革命团体第一次代表大会。同年5月，被选为社会主义青年团一大中央委员。曾出席中共第二、三次全国代表大会，为中共二大中央委员。中共三大后，任中共北京区委委员兼秘书、中共中央教育宣传委员会委员。他是参与国共合作方针的制定者之一。

1924年5月，由于张国焘被捕招供，京师警察厅"严速查拿"高君宇。5月下旬，高君宇从黄化门腊库胡同16

高君宇

号化装成厨师逃脱。他乘火车到了太原,在那里着手建立国民党山西省党部筹备委员会。离开太原后,又去了上海、广州,在广东反商团的战斗中负伤。

1924年下半年,高君宇受中共委派,担任孙中山秘书,12月底陪同孙中山北上抵京。高君宇长期为革命奔波,积劳成疾,到北京后经常咯血,但仍坚持紧张的国民会议筹备活动。1925年3月1日,抱病参加在北京召开的国民会议促成会第一次全国代表大会。4日,高君宇突发急性阑尾炎,住进北京协和医院,后发展为败血症。1925年3月6日在北京协和医院病逝,年仅29岁。

石评梅(1902—1928),山西省平定县人。1919年暑假,石评梅从太原女师毕业,考入北京女子高等师范学校。她本来要报考女子高等师范学校的国文科,但是当年女高师国文科不招生,于是改考体育系。在体育系,她的文学才华没有被埋没,1921年12月,石评梅的诗歌《夜行》在山西大学刊物《新共和》第1卷第1号发表。1923年毕业后,接受师大附中聘请,担任女子部学级主任和体育教员、国文教员,后来还在春明女校、女一中、若瑟女校、师大等校兼任教员和讲师。1924年,石评梅和陆晶清合编《京报副

石评梅

刊·妇女周刊》时，得到鲁迅的关怀和支持。1926年三一八惨案中，她的好友刘和珍遇难，3月，她在《京报副刊》发表《血尸》《痛哭和珍》，悲愤地指出："昨天的惨案，这也是放出野兽来噬人。""你的血虽然冷了，温暖了的是我们的热血，你的尸虽然僵了，铸坚了的是我们的铁志。""我也愿将这残余的生命，追随你的英魂！"石评梅除教学、编刊外，工作之余在京从事文学创作。她最初以写诗歌与散文为主，后来创作了不少短篇小说，1927年发表的小说《匹马嘶风录》，是她的小说代表作。她是20世纪20年代北京文坛公认的一位才华横溢的青年女作家。

1928年9月29日，石评梅因脑膜炎逝世于北京协和医院，年仅26岁。

凄美的爱情

如同"英雄夫妻"缪伯英、何孟雄一样，高君宇、石评梅的"高石之恋"，在五四一代进步青年中广为人知，被传为佳话。

石评梅初识高君宇是在1920年的一次山西同乡会。以后两人经常通信，还时常到陶然亭约会，沿着湖畔散步，谈思想，谈抱负，在社会和人生的探索中，他们相互开导，志同道合。

1923年，石评梅完成学业，走向社会时，高君宇已是一个接受了马克思主义，政治上成熟的革命者，是北京早期党、团组织的重要成员。繁忙的革命活动和教学工作，并没有妨碍他们爱情的萌芽和生长。1923年秋天，高君宇向石评梅表明了心意，他在一片火红的枫叶上写道:"满山秋色关不住,一片红叶寄相思。"石评梅因为曾经恋爱失败的经历,产生了惶恐和犹豫,她用"枯萎的花篮不能承受这鲜红的叶儿"做了回答。高君宇对石评梅拒绝的态度是:"我对她的感情非但没有减弱,反而更加增强了。"

1924年,高君宇遭到军阀政府通缉,他从腊库胡同16号化装脱险,按照党的指示,他要回山西工作。离京之前,在十分危险的时刻,他还惦念着石评梅,冒着狂风暴雨,深夜到石的住处告别。

他在给石评梅的一封信中写着:"我有两个世界,一个世界一切都属于你的,我是连灵魂都永禁的俘虏;在另一个世界里,我是不属于你的,更不属于我自己,我只是历史使命的走卒。"我们知道,这个世界就是民族独立、人民解放的事业。高君宇把这两个世界安排得妥帖和谐。

1924年9月,高君宇到广东任孙中山的秘书。10月14日,石评梅的生日快要到了,高君宇致石评梅的信中这样写道:

双十节商团袭击,我手部受微伤,不知是幸还是不幸,流弹洞穿了汽车的玻璃,而我能坐在车里不死!这里我还留着几块碎玻璃,见你时赠你做个纪念。昨天我忽然很早起来,跑到店里购买了两个象牙戒指,一个大点的,我自己戴在手上,一个小的我寄给你,愿你承受了它。

石评梅接到这一爱的信物非常欣喜,她回信道:

象牙戒指收到。诚然,我已愿用象牙的洁白和坚实,来纪念我们自己静寂像枯骨似的生命。……我已经决定戴着它和我的灵魂同世。

1925年3月,高君宇逝世。北京大学、国民会议促成会全国代表大会和山西省立一中校友会召开追悼大会,石评梅送的挽联上写着:"碧海青天无限路,更知何日重逢君。"

在高君宇的墓碑上,刻有石评梅泣书:"君宇,我无力挽住你迅忽彗星之生命,我只有把剩下的泪流到你坟头,直到我不能来看你的时候。"

1925年,石评梅在高君宇墓畔

迁徙的波折

根据高君宇生前的愿望，1925年其灵柩葬于陶然亭湖畔。中共北京地下党组织以其弟高全德的名义，从慈悲庵购得一块墓地，立下墓碑，墓碑为当时流行的方尖碑形式。墓碑正面刻有"吾兄高君宇之墓"七个大字，碑腰刻有高全德撰写的碑文，记述了烈士的生平事略。在碑腰的右侧，刻着石评梅书写的碑记，其中有高君宇生前最喜爱的一首小诗："我是宝剑，我是火花，我愿生如闪电之耀亮，我愿死如彗星之迅忽。"在高君宇墓的周围，石评梅栽下了十余株苍绿的松柏。石评梅的《墓畔哀歌》写道："假如我的眼泪真凝成一粒一粒珍珠，到如今我已替你缀织成绕你玉颈的围巾。假如我的相思真化作一颗一颗红豆，到如今我已替你堆集永久勿忘的爱心。我愿意燃烧我的肉身化成灰烬，我愿放浪我的热情怒涛汹涌，让我再见见你的英魂。"只有炽热的爱情和过人的才华，才能留下这样肝肠寸断的文字。

高君宇去世后，石评梅极度悲伤，不幸于三年后的1928年9月29日因脑膜炎去世。人们根据石评梅"生前未能相依共处，愿死后得并葬荒丘"的愿望，将她安葬在高君宇墓旁，并为她立起一块和高君宇墓碑造型一样的方尖碑，碑上刻有石评梅的生平简历和"春风青冢"四个大字。从此，高石之墓相依而立，受人敬仰。

寒暑交易，岁月匆匆，1949年10月，高君宇等革命先烈为之奋斗的新中国成立了。20世纪50年代初，因为要整修陶然亭，建设成公园，市建设局、宣武区政府和有关部门决定，把工程用地范围内的坟墓迁移出去。对于高君宇、石评梅二墓，《北京市人民政府民政局、

陶然亭公园内的高君宇、石评梅雕塑

北京市人民政府卫生工程局关于陶然亭处的高君宇及其妻石评梅二墓如何处理问题给彭真、张友渔、吴晗的签报》请示市政府如何处理,并提出迁移二墓的方案。在这一档案上,市领导批示:"就地填土修整,在周围用青砖砌墙,保护好烈士墓冢,将来供后人瞻仰。"

1952年12月31日,高君宇、石评梅的灵柩和其附近的墓葬一起,被迁至南郊人民公墓。到了第二年7月,北京市政府办公会决定,高、石灵柩从人民公墓迁出,葬于八宝山革命公墓。1956年6月3日,周恩来在审查北京市建设规划时,专门谈道:"陶然亭的高石墓要妥为保护,革命与恋爱并不矛盾,留着它对青年人也有教育。"邓颖超也曾说过:"我和恩来对君宇和评梅女士的相爱非常仰慕,对他们没有实现结婚的愿望,却以君宇不幸逝世的悲剧告终,深表同情。"很快,高石之墓又再次移葬回陶然亭。8月4日,墓地在新址竣工。周恩来曾经多次到陶然亭,一方面欣赏自然景色,一方面缅怀追思故友。

1968年,高石之墓遭到严重破坏。1973年,周恩来在病中委托邓颖超主持,将高君宇遗骨火化后移放在八宝山革命公墓保存。1983年,北京市人民政府拨款重修高石之墓,复制了墓碑。1986年6月,共青团北京市委、北京青年报社等单位,联合在高石之墓东侧建造了高君宇、石评梅双人立姿石雕像,以纪念他们对革命事业的奉献,颂扬他们真诚美好的情怀。

而无论墓碑有无、形式如何,都抵不上"他在自己的身后,留下了一个非人工所能建造的真正的纪念碑"(列宁对《国际歌》作者鲍狄埃的评价)。

议场有幸见沧桑
——北平地下党会师原国会议场

大街犹在，国会不存

西城区宣武门西大街57号现为新华通讯社的所在地。在现代化的高楼下，清灰色中西合璧的一组建筑，保留下了许多北京历史的记忆。

在明、清两代，这里是专门饲养和训练由缅甸、暹罗等藩属国进贡大象的地方。清朝末年，藩属国相继沦为西方列强的殖民地。没有了大象，驯象所派用别项，在此建立了京师法律学堂。1910年10月，筹备立宪的清政府借用京师法律学堂会场，召开了资政院第一次会议。100名资政院议员由皇帝委派或由各省谘议局推选，既无权力，也不知怎么资政。

辛亥革命胜利后，革命党的临时参议院迁至北京，于是资政院旧址留给了参议院。参议院有地方了，不能没有众议院的位置，于

如今位于宣武门西大街57号的新华社大厦

是在参议院东侧建设了众议院。包括由旧有建筑改为众议院办公场所的仁义楼、礼智楼，同时新建了一座会堂，称国会议场，是参、众两院联席开会的场所。

国会议场由德国设计师库尔特·罗克格主持设计，协助设计的有八名欧洲设计师和五名中国设计师。现存的民国北京国会旧址中，已经没有参议院的痕迹，众议院留下的主要建筑包括国会议场、圆楼、仁义楼、礼智楼。国会议场坐北朝南，平面呈正方形，主楼高

第一次国会开院留影

三层,面积 2100 平方米,建筑外表采用灰砖清水墙。议场东、西、南三面都有狭长的门厅,穿过门厅即为一楼会议大厅。大厅平面为矩形,主席台设在北侧中央,场内座位按扇形布置,楼下共有 674 个座位。屋顶用钢拉杆木桁架。议场二层东、西、南三面设座席,共有 314 个座位,作为旁听之用。大厅北侧为"圆楼"。

1913 年 4 月 8 日,中华民国第一届国会开幕典礼在此举行。北京政变后,1924 年 11 月 24 日,民国国会寿终正寝。这里一共经历了三届国会。在军阀政客的统治下,国会形同虚设,即使如此,也多次被非法解散。除了历史书上还不时使用"国会街礼堂"这一名称外,北洋政府时期的国会没有对中国现代历史产生过什么影响。

北方左联在这里成立

国会解散后，1925年原参、众两院的建筑成为北京法政大学的校舍。1927年8月，法政大学与北大法科合并为京师大学法科后，继续使用旧国会建筑。

1930年9月18日下午，在北平大学法学院的小礼堂里，召开了中国左翼作家联盟北方分盟的成立大会。到会的有段雪笙、张章等30余人。会上推出由三人组成的大会主席团，报告了北方左联的筹备经过。中共北平市行动委员会的代表在会上讲了话，他分析当时的国内外形势，说明北方群众和北方文化界面临的任务。接着，美国共产党刊物《群众》、北平反帝大同盟、革命互济会的代表相继发表讲话，祝贺北方左联的成立。会议通过了由筹备会拟定的北方左联《理论纲领》《行动纲领》《成立宣言》三个文件，作为今后工作的原则。文件中说："我们的理论纲领是以辩证法为方法，以唯物论为基础，坚决的与统治阶级的一切理论斗争，建立自己阶级的文化。""中国左翼作家联盟是负荷着中国无产阶级文化斗争使命的。中国左翼作家联盟北方部无疑的要本着这个理论纲领，适应目前革命形势而去担当一面的战线。"大会选出段雪笙等十人为北方左联的第一届执行委员（其中三人为候补委员）。最后通过了参加革命互济会工作；通电反对帝国主义进攻苏联及中国苏维埃根据地与红军；决定发展组织、打破狭隘方式，欢迎劳苦大众参加等提案。北方左联是中共北方党领导下成立的第一个左翼文化团体。它团结了一批爱好文学、要求进步的青年学生，运用文学这种形式，宣传马克思主义和中国共产党的主张，为党的领导提供了组织上的保证，也为以后各左翼社团的建立做出了榜样。

  1931年九一八事变后,爱国学生曾在这里上演抗日节目。北平沦陷后,国会建筑由日伪当局建立的新民学院使用。抗日战争胜利后,国会旧址一度成为国民党东北行辕和熊式辉的驻地。北大从昆明回迁后,这里改为北京大学第四院。1949年5月4日,中华全国青年第一次代表大会在此召开。北平解放后,民国国会旧址成为新华通讯社的办公所在地,直至今日。

中华全国青年第一次代表大会留影

北平地下党会师

从 1920 年北京共产党小组成立起，不论是在军阀横行、日本帝国主义侵略，还是在国民党反动统治时期，北京的党组织活动一直没有停止，党的组织一直没有中断。北平和平解放前夕，全市地下党员已发展到 3376 人，其中华北局城工部系统 2862 人、华东局系统 81 人、北岳区党委系统 201 人、冀热察区党委系统 31 人、其他系统 201 人。党员中青年学生人数较多，有 1394 人，占 41.29%；工人 928 人，占 27.49%；农民 546 人，占 16.17%；职员、知识分子及其他成分 508 人，占 15.05%。此外，党的秘密外围组织民主青年同盟和民主青年联盟也有 5000 多人，分布于全市各行各业。

北平解放前，由于秘密工作的需要，这些地下尖兵一直恪守"荫蔽精干，长期埋伏，积蓄力量，以待时机"的地下工作总方针和单线垂直领导、互不发生横向联系的行动方法，党团员之间都不知道彼此真实的政治面貌。1949 年 2 月 4 日，中共北平市委在宣武门外国会街北京大学四院礼堂，即当年的国会议场，召开全市地下党员大会。由于会场可容纳的人数限制，全市有 2000 多名党员到会。他们主要是城工部学委（含文委）、工委和铁委系统的党员以及平委总支委员以上干部。这是一次胜利的大会，一次地下党会师的大会。多少人眼含热泪，兴奋地握手，惊喜地欢笑……

会议由彭真主持，林彪、聂荣臻、薄一波、叶剑英、刘仁、李葆华参加了大会。他们在讲话中回顾了北平地下党的斗争历史，高度评价了北平地下党为北平和平解放做出的出色贡献。同时，阐述了党的方针政策，提出了今后的任务。两天的大会，使全体党员受到教育和鼓舞，决心发扬过去的优良传统，在新的历史条件下，以新的工作方法和工作作风，参加北平的接管、管理和建设。13日，市委又在南新华街北平师范大学礼堂召开了平委系统的党员大会。

在国会议场的会议是北平地下党的一次党内公开聚会，一次力量大检阅，一次胜利大会师，标志着北平党组织已从长期隐蔽的非法秘密状态，转入合法公开的执政党的领导地位。

党组织公开的意义

国会议场会师后，由于北平刚解放，各种反革命势力尚未肃清，社会秩序尚未稳定；与北平党组织有联系的大城市，如上海、南京、武汉等尚未解放，如果立即全部公开党组织，对工作是不利的。

半年以后，国内形势发生了很大变化，全部公开党组织的条件已经成熟。6月中旬，中共北平市委决定，要求各工厂、学校、机关在6月底至7月初，即在纪念中国共产党诞生28周年之际，将党的组织和党员名单全部公开。为了推动全市党组织公开工作的开展，《北平解放报》发表《党支部必须全部公开》的社论。市委组织部召开全市各单位党支部书记会议，具体布置了党支部公开的方法。

按照中共北平市委的要求，公开党支部要公布党员名单，召开有群众代表参加的党支部大会，在会上讨论和检讨支部与党员的工作，检讨党与群众的关系。

党组织的公开立即在党内外引起了强烈反响，收到了很好的效果。北平地下党组织的公开，将党的活动置于人民群众监督之下，有利于加强民主。有教授说："你们党作为执政党敢公开，证明你们不做坏事，国民党做坏事，就不敢公开。"党组织公开整顿了党的组织和思想，清除了混入党内的异己分子，纯洁了党的队伍。至1949年底，全市共清洗了混入党内的投机异己分子、蜕化变质分子99人，占党员总数的2.93%。同时，严格按照党章规定的党员标准，吸收优秀分子入党。至1949年底，全市共发展新党员5860人。

军事调处为和平
——翠明庄军调部中共代表团驻地

停战以后

1946年1月中旬，与故宫东华门只有一步之遥的翠明庄来了一批身着八路军服装，佩戴三环标志的年轻人，外表看上去他们有的土，有的洋。但干起活儿来风风火火，都不含糊，电台搬运到了三层，地图、文件送到了二层，简单的行李放到了各层的房间。很快这一切又归于平静，不论是长官还是士兵，都进入了紧张的工作状态。

翠明庄还没有同这样的人打过交道。

翠明庄是一座中西合璧式三层灰砖楼房。它西傍紫禁城，东邻王府井商业街。1937年的卢沟桥事变，北平沦陷。日本侵略者抢占了这块地皮，建了一座日式的高级招待所，外观为中式风格，内部为日本样式，取名翠明庄。老板娘是个日本人，宾馆专门接待华北方面军最高司令长官冈村宁次这样的日本上层人士来华下榻。1945

年日本投降，翠明庄收归国民党政府，成为专门为国民党军队和美军服务的励志社招待所。

日本投降、国共重庆谈判之后，国内各界要求停战的呼声很高。而战后中国的局势并不太平，国共双方在接受日本军队投降、接收物质和政权等问题上，时常发生争执，甚至战斗。1945年11月，美国任命前陆军参谋长马歇尔上将以总统特使的身份，赴华"调处"国共争端。蒋介石采取假和平真备战手段，一方面同意召开政治协商会议，一方面争取时间加紧部署兵力。中共中央认为此时接受美国政府的"调处"，对争取中国人民所希望的和平民主是有利的。

军事调处执行部办公楼门口

红迹 | 绵延赓续

1946年1月7日，由国民党政府代表张群、共产党代表周恩来、美国政府代表马歇尔组成"三人会议"，会商解决军事冲突有关事项。1月10日，中共代表同国民党政府代表正式签订停战协定。同日，双方下达于13日午夜生效的停战令。根据停战协定，在北平设立由国民党、共产党和美国三方代表所组成的军事调处执行部，负责监督执行停战协定。

军调部三方的工作地点在协和医院，中共代表团一部分人住在北京饭店，负责机要、电台的同志住在翠明庄，于是就有了中共代表团成员在翠明庄忙碌的一幕。

难以完成的任务

北平军事调处执行部的委员、参谋长和业务处室分别由国民党、共产党、美国政府三方派代表组成。国民党委员先是郑介民，后为蔡文治；共产党委员为叶剑英；美国委员为罗伯逊。美方委员充任主席，作为三方会议的召集人。

北平军调部臂章

北平军事调处执行部中共代表团的参谋长由罗瑞卿（后为薛子正）担任，李克农任秘书长，宋时轮任执行处处长，耿飚任交通处处长，陈士榘任整军处处长，黄华任新闻处处长，冯铉任秘书处处长，伍云甫任行政处处长。

第四辑 一把熊熊燃烧的火炬

北平军事调处执行部的任务包括调处全国范围内的一切军事冲突，恢复一切交通，解除敌伪武装，遣送日俘日侨回国，监督实行整军方案。此外，还负责处理交换双方战俘，运送救济物资，等等。从1946年1月中旬开始，国、共、美三方委员就频繁派遣执行小组赴东北、中原等地处理军事和交通等问题。

中共代表团认真贯彻执行中共中央确定的斗争策略方针，有力地配合了对国民党的政治和军事斗争，使党的和平建国方针获得国际和国内进步舆论的支持，取得了政治上的主动地位。中共代表团通过调处工作，有效地保护了革命力量，为解放区军民准备反击国民党军队的进攻赢得了宝贵的时间。

中共代表团不仅在桌面上与美、蒋正面说理，在翠明庄驻地也与国民党特务的下作伎俩进行了针锋相对的斗争。翠明庄里的服务人员有不少军统局训练出来的特务。他们监视着中共代表团人员的出入和来访客人。服务员不请自来，利用打扫卫生的机会，把房间里的纸片收集起来，拿回去分析研究。代表团秘书长李克农经验丰富，为对付这些特务，让大家故意在纸条上写写画画，附上一些不着调的电话号码或是地址，撕碎后扔到废纸篓，将敌人耍得团团转。而安放电台、机要科的房间，则坚决不让宾馆的人进入。一次，中共代表团进行电台联络时，附近有可疑电波出现，于是立即排查，发现特务在翠明庄的地下室偷偷架设了一部小型电台，专门监听三楼的中共电台。在中共代表团的严正抗议下，特务们只好把电台撤走。

1946年7月29日，在河北省香河县安平镇发生了一起美蒋军队与解放区中共武装的冲突事件。三方决定成立一个特别小组前往现场调查。但在调查谁先发动进攻的问题上，国民党和美国方面制造伪证，并一再破坏小组调查程序，致使特别小组无法取得共同结论。8月10日，马歇尔和美国新任驻华大使司徒雷登发表联合声明，认为国共争论"似难获致解决之方法"，实际上宣布了"调处"的失败。9月9日，叶剑英在中外记者招待会上，发表《关于安平事件调查结果的声明》，提出：美军应向我方正式道歉，并保证不再发生类似事件；立即把安平镇交还我方；驻华美军应全部撤出中国；美国政府必须停止对国民党政府和军队的援助。

随着内战规模的扩大，各地执行小组的中共代表，屡遭国民党特务的监视、殴打和逮捕，行动自由和生命安全均无保障。从9月起，中共代表团工作人员开始分批撤回解放区。

根据安平事件改编的电影《停战以后》海报

1947年1月，马歇尔发表离华声明后返美。2月21日，国民党当局迫使北平军事调处执行部中共代表叶剑英等返回延安，随后又限令中共驻南京、上海、重庆三地代表董必武、吴玉章及有关工作人员于

3月5日前全部撤离。至此，国共关系彻底破裂，军事调处的工作结束。

军调部中共代表团在国民党统治下的北平一共战斗了一年零一个月。

出版《解放》报三日刊

军调部中共代表团的建立，使中共在北平进行活动有了合法地位。根据三方协议，军调部的命令、协议、公报等须由三方的新闻机构——国民党中央社、共产党新华社和美国新闻处发表。1946年2月，经中共中央批准，在重庆、北平建立新华分社，并在北平公开出版《解放》报三日刊。

2月22日，《解放》报在北平创刊，先为三日刊，后为隔日刊。这天刚刚破晓，北平街头就响起了"《解放》报，请看《解放》报！共产党的报纸出版了！"的

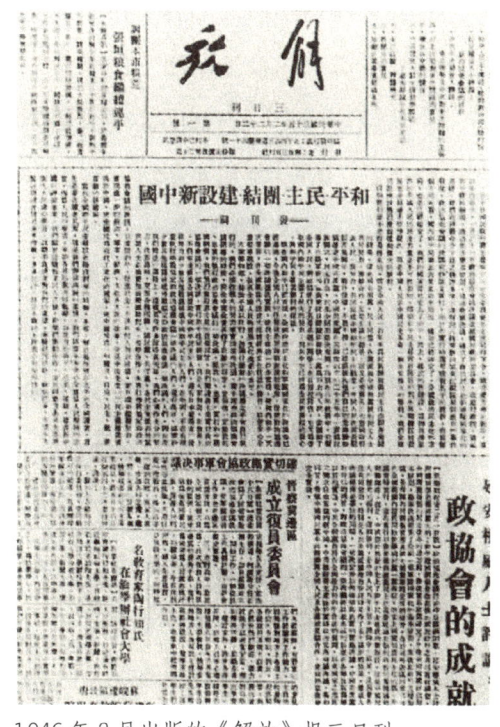

1946年2月出版的《解放》报三日刊

叫卖声。几千份创刊号很快被争购一空，临时加印3000份又被一抢而光。北平人民在黑暗中看到了真理的光芒。

由于《解放》报报道客观真实，论理言之有据，文章短小精悍，内容丰富多彩，迅速赢得了北平读者。群众赞誉它为"当代春秋、醒世金铎、读者之导师、社会之明灯"，"在黑暗的囚室，开一个向阳的天窗"。当时国民党在北平的机关报《华北日报》发行量为8000份，国统区最大的报纸《大公报》发行量为3万多份。而《解放》报的发行量一增再增，最多时达5万多份，成为北平单一报纸发行量的最高峰。

1946年2月20日，北平当局纠集逃亡地主、流氓等1000余人，以"河北省难民还乡请愿团"的名义，在东四牌楼一带举行反共游行，一伙暴徒闯入军调部中共代表团办公室，辱骂、威胁中共代表团工作人员，捣毁办公处。2月24日，国民党北平市党部与军统局又策动一部分所谓"东北旅平学生"进行反苏游行。

按照中共中央的指示，军调部中共代表团和北平地下党对国民党当局的反苏反共行径进行揭露，《解放》报刊登了中共中央声明，严正驳斥了国民党反动派对共产党的造谣诬蔑，揭露国民党的反共宣传阴谋。对所谓"河北难民还乡请愿团"捣乱事件进行全面报道，揭穿国民党当局制造事端、扰乱军调部的工作、破坏国内和平局面的企图。

1946年4月3日晨，国民党北平政府出动军警宪特数百人，采取突然行动，公然包围并搜查了十八集团军副参谋长滕代远的住处及位于宣武门外方壶斋9号的解放报社和新华社北平分社。李新及解放报社社长钱俊瑞等34人被捕。"四三"事件发生后,叶剑英、滕代远赶赴北平行营及北平市政府,向国民党当局提出强烈抗议和严正交涉。4日下午,国民党北平警察局被迫释放被捕人员,并道歉,声称今后对中共报刊不再加以歧视。

1946年6月下旬,国民党政府撕毁停战协定和政协协议,悍然向解放区发动进攻,全面内战爆发。此后,解放报社和新华社北平分社的工作人员陆续返回解放区。北平《解放》报共出版37期,为宣传中国共产党的政策,争取和平民主,反对内战,做出了重要贡献。

后来的故事

北平和平解放后,中央组织部接收了翠明庄,作为接待重要客人的招待所,成了"党员干部之家"。贺龙、胡耀邦等都曾在此下榻。1984年1月,此处定为东城区文物保护单位。1995年10月,定为北京市文物保护单位。1998年底,翠明庄由机关内部招待所变成涉外星级酒店,最终向世人揭开了神秘面纱。而有的故事,至今没有答案。

开国大典前,斯大林派来拍摄开国大典的电影摄制组入住翠明庄,他们带来了由德国生产的35毫米彩色电影胶片。当时彩色摄影技术是比较先进的技术,中国还没有,所以开国大典时中国电影工作者用的都是黑白胶片。10月1日,苏联摄制组从早上就开始拍摄,庆祝人群向天安门广场集结、毛泽东讲话、升国旗、阅兵、游行,一直拍到晚上广场上空五颜六色的礼花。拍了几十本胶片,记录下当天庆祝活动的全过程，固化了这一伟大的历史时刻。苏联摄制组除拍摄开国大典外，还在北京、上海、广州、南京等地，拍摄了一些历史古迹、自然风光和人们生活的素材。这些彩色电影胶片都保存在苏联专家下榻、工作的翠明庄。不幸的是，10月2日半夜，存放胶片的房间因为苏联专家留下的烟头意外失火，虽经抢救，据说大部分胶片已被烧毁，只残留下一小部分。1950年，中国电影工作者以北京电影制片厂、苏联中央文献电影制片厂的名义，利用所剩胶片剪辑出了纪录片《中国人民的胜利》。其中7分多钟的历史镜头，被多部片子反复使用。

事情并没有完。

《中国人民的胜利》纪录片苏联摄制组与歌舞表演团队合照

第四辑 一把熊熊燃烧的火炬

修复后的开国大典彩色视频影像

  2019年，为庆祝中华人民共和国成立和中俄建交70周年，全俄国立电视广播公司用当年苏联摄制组留下的素材，制作成多集的系列纪录片《中国的重生》，在俄罗斯播出。据全俄国家广播电视公司历史频道总编辑、这部纪录片的导演阿列克谢·杰尼索夫说：《中国的重生》以俄罗斯联邦档案部门提供的中国开国大典彩色影片为基础剪辑制作，是目前公开的关于开国大典的时间最长、内容最完整的视频。纪录片制作开始于三年前，杰尼索夫在俄国家电影照片资料档案馆发现了200卷左右的彩色电影胶片。除开国大典影片素材外，还有苏联摄影师当年拍摄的北京、上海、广州等城市风貌、民

219

间艺术表演、农村集市等珍贵画面，许多镜头独一无二、质量上乘。70年来，这些电影胶片从未公开。在胶片数码化以后，稀有的彩色影像令纪录片工作室所有员工都倍加欣喜。他们说，纪录片是他们送给中国人民的节日礼物。2019年9月，中央档案馆（中华人民共和国国家档案局）也公布了一批馆藏珍贵档案文献，其中的12分钟的开国大典彩色视频，就是以俄罗斯联邦档案部门提供的素材为基础剪辑制作的。

问题来了：这样重要的历史影像资料，怎么说烧就烧，说没就没了呢？到底拍了多少？从火中抢出了多少？斯大林派出的摄制组，任务完成后就没有人过问？现在俄罗斯的档案库里，还有多少这样的中国宝贝胶片和秘密呢？

这些，恐怕只有翠明庄才知道了。

民众英姿多神武
——1925 年首都革命的夺权尝试

多事之门

神武门,紫禁城的北门,也可看作紫禁城的后门,位于北京中轴线上。建于明永乐十八年(1420),初名玄武门,取古代"四神"中的北方玄武之意。清代因避康熙皇帝玄烨名讳,改名神武门。神武门高 31 米,平面矩形。基部为汉白玉须弥座,城台上建城楼。

神武门城台辟有门洞三券,门为方形。门楼旧设钟鼓,与钟鼓楼相应,用以起更报时。只是皇帝居宫中时,神武门上的钟不鸣,恐怕惊扰了圣上。神武门距御花园及东西六宫较近,是宫内日常出入的重要门禁,也是后妃及皇室人员出入皇宫的专用门。出入神武门,帝后走中间正门,嫔妃、官吏、侍卫、太监及工匠等均由两侧的门出入。清代选秀女、将嫔妃迎入宫中均走此门。神武门北面是景山的北上门。

1925年建院时的故宫博物院，牌匾由李石曾书写

明清二代，紫禁城的守卫都是从这里出发，逆时针方向，先奔着大高玄殿的三座门出发，由西北向东南绕紫禁城巡护。

虽是皇宫的后门，但这里发生的烦心事却一点不少。明崇祯十七年（1644）李自成率起义军直捣皇宫，皇帝朱由检出此门逃到煤山（今景山）自缢。清顺治初年，孝庄皇太后下令，敢将缠足女人引入宫内者斩。这道懿旨曾悬挂在神武门内。清代这里还发生过多起刺客闯门、拦驾的事件，有的案件虽是皇帝亲自督办，最后也还是没有查清。1924年，清逊帝溥仪被驱逐出宫，即由此门离去。

1925年10月10日故宫博物院成立时，牌匾由李石曾书写，挂在神武门，1971年改由郭沫若题写。

首都革命的策划和组织

1925年神武门前发生的一场"民变",则是此门建成500年间未曾有过的,它是中国共产党领导下的北京民众推翻段祺瑞军阀政权的一次革命运动,以"首都革命"的名称载入史册。

1924年国共合作形成之后,以孙中山为代表的广东革命政府建立了自己的军队,"打倒列强除军阀"的士气正旺。而北洋政府为军阀段祺瑞所把持,在帝国主义的支持下,与各派军阀勾结,召开分赃的"善后会议""关税会议",全国人民都欲除之而后快。这时,倾向革命的冯玉祥接受李大钊的建议,从苏联获得援助,扩充国民军,发动了反对奉系军阀的战争,奉系将领郭松龄也在战场上倒戈。中共北京区委分析了当时的政局,发布公告,提出"集中民众的力量,打倒南方和北方一切黑暗势力,建立革命民主政权"。

1925年11月,一次中共北方区委开会,李大钊说:"现在国民军要换防,中共掌握的部队将开到北京市区接防,维持市内治安,这对我们今后开展工作将更加有利。"赵世炎接着说:"我们是否可以利用军阀之间的矛盾,乘军队换防间隙,发动北京革命群众,并在接防军队暗中协助下,进行一次推翻段政权的起义行动呢?"

陈乔年认为这事应慎重考虑,因为北京党组织的力量,仍以青年学生为主,没有自己的武装,主要靠驻军的力量。一旦发动起义,恐怕难以持久。大家都觉得陈乔年提出的意见很中肯,值得认真对待。

赵世炎则说:"这些问题我也考虑到了,不过我认为,我们无妨谨慎地做一次推翻段政权的尝试。我们可做两手准备,届时看形势,再做善后的安排。纵然起义难以持久，起码可以显示群众革命斗争的情绪和力量，给段祺瑞政权一个沉重的打击，并在全国掀起更高的革命高潮。发动起义只需国民军驻军暗中协助，不加镇压就行。国民军一向同情群众运动，而且起义是在换防的间隙进行，亦不致暴露部队里中共党员的身份。"

李大钊和区委同志听后，觉得赵世炎的设想可行，遂决定成立由赵世炎、陈乔年、邓鹤皋、陈为人等人组成的行动委员会，由赵世炎拟订具体计划，并任总指挥，领导这次行动。

赵世炎组织能力很强，筹划得十分周到。他将全体党、团员分到各区指挥部，把参加行动的民众分别组成工人保卫队、学生敢死队、农民自卫队、医疗救护队，各队按战斗编队秘密进行训练。并按区分别规定了行动的目标和任务，分别夺取市内那些要害部门，打乱段政府的指挥系统，使其处于瘫痪状态，迫使段祺瑞下台。如果起义成功，立即召开群众大会，宣布成立北京临时国民政府和临时国民政府委员会，推选国民党

首都革命行动总指挥、中共北京地委书记赵世炎

左派、北方元老徐谦为临时政府主席。赵世炎安排印刷厂做好《火花》报的锌版报头，准备起义当天出版一张革命的报纸，以扩大政治影响。

首都革命的过程和影响

就在倒段斗争行动即将发动时，国民军突然改变换防计划，并且城内驻军也有所戒备。根据变化了的情况，总指挥部即刻下达指示，改变原行动计划，只进行一次大规模的冲击政府机关的示威行动就结束。

11月28日上午11时，学生敢死队、工人保卫队手持木棒向事先确定的目标发起进攻，很快占领了警察厅，赶跑了警察总监朱深，还散发了大量写有"民众武装起来，团结暴动""实行首都革命"的传单。

下午2时，北京国共合作组织及各种团体、市民、学生、工人5万余人齐集神武门前召开国民大会。神武门对面的北上门前高高竖起写着"司令"二字的大旗。两旁的大彩旗上分别写有"打倒军阀政府""建设国民政府"的字样。学生敢死队负责维持秩序。参加会议的市民、学生手持国民党党旗或写有"打倒卖国贼""扫除安福余孽""民众大暴动"的旗子，旗杆均为尖头木棒制成，可以用作自卫的武器。大会推举朱家骅为现场总指挥兼大会主席，刘清扬、于树德为副总指挥。主席宣布大会宗旨和行动的目的是"打倒卖国政府，建设国民政府"。大会发布建国宣言："今我国民完全觉悟，必须以国民自己的能力建设国家,始能达到共和之目的。"会后群众按照总指挥的命令整队游行,队伍依次为总司令旗、总指挥团、学生军、工人保卫队、各校学生、各团体、市民,最后是救护队;骑自行车的交通队,来回传送信息。200名敢死队队员手持尖头木棒,排列在群众队伍的两旁。以北京大学、民国大学为主的学生军,身着军服,头戴军帽,甚是威武。由各工厂组成的工人保卫队,臂缠红布,队伍整齐。以医科大学学生为主组成的救护队,携带药品、担架等物走在队伍的后面,时刻准备临时救护。游行队伍从神武门出发,一路散发《中共北方区委宣言》《中国国民党政治委员会北京分会宣言》《北京总工会宣言》等几十种传单,高呼"废除一切不平等条约""无条件收回关税自主权""驱逐关税会议的各国代表""释放一切反帝国主义运动的被捕战士""人民要有集会、结社、言论、出版的自由""召集真正代表国民的国民会议""建设民众政府""打倒一切帝国主义""拥护广东国民革命政府"等口号,直奔铁狮子胡同段祺瑞执政府。游行队伍抵达时,执政府大门紧闭,戒备森严。示威群众经交涉得知段祺瑞不在执政府,于是又前往吉兆胡同段祺瑞私宅,那里同样大门紧闭,军警林立。为了避免同军队正面冲突,指挥部决定在段宅门前开大会,要求段祺瑞必须于29日12时前辞职。

29日上午10时,由中共北方区委召集,各团体在北京大学三院召开活动分子大会,研究部署下一步的行动。下午,数万群众聚集天安门前召开国民革命示威运动大会。会场搭一座高台,上悬大会会标和写有"推倒军阀政府,建设国民政府"的横幅。台前还悬有段祺瑞的十大罪状。下午3时,宣布开会宗旨:"昨日之运动,即

神武门

我等之革命运动,今日之国民大会即是国民共同讨论我国之一切问题。"接着陈启修、顾孟余、马寅初、王一飞、赵世炎及上海工会代表在会上发表了演说。

连日举行的民众倒段示威行动,是自五四运动以来,在北京发生的一次大规模的群众运动。但是,它没有达到预期的目的。担任这次行动总指挥的中共北京地委书记赵世炎后来分析原因,认为:一是革命的时机尚不成熟;二是群众组织尚不完备;三是国民党右派对群众运动的背叛。冯玉祥国民军背弃诺言,使运动没有了军队的支持。

北京民众开展大规模推翻段祺瑞政权、建立国民政府的斗争,鼓舞了全国民众,推动了北伐的早日到来。在首都革命的影响下,上海、开封、汉口、广州、长沙、南京等地先后举行示威游行,响应"北京的暴动",要求建立革命的政府。

"民国以来最黑暗的一天"
——"三一八"执政府门前的碧血丹心

历史的见证

东城铁狮子胡同1号,是一处历史久远、建筑优美,在中国近现代历史上名声显赫的地方。铁狮子胡同是北京最古老的胡同之一,因有一对元成宗年间铸造的铁狮子而得名,这对铁狮子虽早已不存,但胡同的名称和胡同里的显贵却从未绝迹。铁狮子胡同1号院曾经是皇亲府、将军府、贝子府、亲王府。清光绪三十二年(1906),清政府用修建颐和园剩余的海军经费款项兴建了海军部与陆军部,这是一组由在英国的中国留学生设计,带有拱门和游廊的巴洛克建筑群,其中灰一楼中部门厅以上三层钟楼,两侧均为二层砖木结构建筑,外檐连拱柱廊,整个楼体布满砖雕图案。临街大门坐北朝南,面阔五间,中间三间为对开的大门,大门东西两侧各有一个约3米高的石狮。大门南隔街对面是一座悬山顶砖雕大影壁。

段祺瑞执政府旧址

1912年，袁世凯将总统府和国务院设在这里。1919年以后，靳云鹏将这里改为总理府。1924年段祺瑞就任中华民国临时执政后，这里遂改为执政府。北平沦陷时期，侵华日军曾把这里当作华北驻屯军司令部，有不少革命者和无辜的平民被关押在此处。抗战胜利后，这里是十一战区司令长官部。1946年为纪念抗日将领张自忠，这条胡同改名为张自忠路，铁狮子胡同1号院也变成了今天的张自忠路3号。新中国成立后，拆除了原先大门两侧的东西辕门。现为中国人民大学用房。

1926年3月18日，段祺瑞执政府的卫队在铁狮子胡同1号院门前向手无寸铁的学生、民众开枪，制造了流血事件，从此这里便与三一八惨案联系到了一起。

民众的呼声

1926年2月,直鲁军阀联合向倾向革命的国民军发起进攻,3月9日,国民军封锁了天津大沽口,不许任何船只进入。这实属中国内部之事,却遭到了荷兰、英国等帝国主义国家使团的反对和抗议。3月12日下午3时,日本两艘驱逐舰掩护四艘奉鲁联军舰船驶入港口。驻守炮台的国民军先用旗语,后用空炮警告。日本军舰置之不理,并以实弹射击。国民军予以还击,将日舰逐出大沽口。

3月15日,英、美、法、意等国海军联合向国民军提出限时从大沽口撤军、撤防的"警告"。日本又纠集英、法、美、意、荷、比、西等《辛丑条约》签字国公使,在3月16日发出最后通牒,限18日正午前答复,否则各国海军将采取必要行动,扫除一切障碍。同一天,日本公使还单独发出最后通牒,要求中国政府向日本谢罪,严惩守军军官,并赔偿损失5万元。3月17日,各帝国主义军舰20多艘云集大沽口,驻在天津的外国军队也准备协同动作,大有重演八国联军进攻中国之势。日军制造大沽口事件和八国公使最后通牒的挑衅行为,激起了中国人民的极大愤慨。

16日,中共北京地委在北大一院召开了党的活动分子会议。李大钊、陈乔年、刘伯庄、陈毅、邓洁等百余人参加了会议。会上李大钊指出:"所谓八国通牒是第二个'八国联军',是用来抗拒进步力量的,人民绝对不能接受。我党的任务,就是发动各界群众行动起来,与政客、军阀政府、帝国主义斗争到底。"晚上7时,在翠花胡同8号,李大钊和陈毅召开国民党政治委员会北京分会教育宣传委员会会议。参加会议的有50余人,决定18日上午举行一次大示威，督促段政府严重驳回无理通牒，废除《辛丑条约》。

17日下午1时，在李大钊的领导下，国共合作的国民党政治委员会北京分会、国民党北京特别市党部及北京学生总会、北大学生会、师大学生会等150多个团体的代表在北大三院召开紧急会议。当场议决五事：即日严重驳复通牒；不许日舰携带奉舰入口；驱逐八国公使出京；请国民军改变作战目的；为"废除不平等条约"而战。定于18日上午10时，在天安门召开国民大会，并推举李大钊、李石曾、顾孟余、徐谦、丁惟汾、陈启修、黄昌谷、蒋梦麟、于右任、林森及学生总会代表、总工会代表等13人组成大会主席团。

会议结束后，代表们分为两队，持函前往国务院和外交部请愿。一队由陈毅、陈日新率领67名代表，前往国务院请愿；另一队由安体诚、王一飞率领83名代表，前往外交部请愿。要求都是一致的：驳回八国无理通牒；大沽口事件应由日本方面负责。并声明：北京民众将于18日上午10时，举行国民大会，游行示威。万望政府尊重民意，根据大会决议，向八国公使提出严重抗议。

18日清晨，中共北方区委和北京地委在李大钊的主持下召开紧急会议。参加会议的有北方区委成员赵世炎、陈乔年、北京地委书记刘伯庄、团北方区委书记肖子璋等。会上，李大钊激动地说："我有多次未参加示威游行了，今天我一定要去参加！"其他同志只好答应，说："参加也好，不过不要出面讲话。"陈乔年说："要注意安全。"赵世炎还说："如临时有什么问题需要解决，乔年、子璋我们几个人负责处理就是。"

上午9时，北京大学、师范大学、清华大学、燕京大学、师大女附中、志成中学、清明中学、汇文中学等80余所大、中学校学生和北京市总工会、京绥路总工会、西直门车站工会、济难会、学生敢死队、非基督教大同盟、北京联役工会、全世界工会印刷会、北京学生总会、反对帝国主义先锋队、留日归国团、广东外交代表团、四川代表团等200余个团体，以及得知消息的群众共万余人相继来到天安门广场。李大钊与中共北方区委、北京地委、共青团北方区委、国民党政治委员会北京分会、北京特别市党部的领导成员参加了大会。天安门前主席台上悬挂"反对八国通牒国民示威大会"的横幅会标。会标下悬挂请愿代表受伤时的血衣，血衣上写着"段祺瑞铁蹄下之血"。主席台周围还张贴了许多写有"驳复列强最后通牒""废除《辛丑条约》""撤退外国兵舰""驱逐署名最后通牒之各国公使"的标语。主席台前，竖立着百余面大旗，迎风招展。整个会场庄严隆重。上午10时，徐谦首先报告了大会的宗旨。接着由顾孟余演说，后由师大代表、留日归国代表报告17日到国务院和外交部交涉的经过，以及卫队枪伤代表的情形，继而由黄昌谷宣读《反对列强最后通牒国民大会驳复列强通牒致八国公使函》，强烈谴责八国通牒"是无理取闹"，是"帮助张作霖，延长我国的内乱，侵犯我国的主权"，要求八国列强撤退各国战舰、收回最后通牒、各国下旗归国，立即出境。接着，徐谦宣读大会决议案：（一）通电全国民众，一致反对八国通牒；（二）通电全世界被压迫民众，一致反对八国政府进攻中国；（三）督促北京政府，严重驳复八国通牒；（四）驱逐署名最后通牒之八国公使出境；（五）宣布《辛丑条约》无效；（六）驳复八国通牒；（七）严惩昨日执政府卫队枪伤各团体代表之祸首;(八)电勉国民军为反帝国主义而战。大会一致通过了《致八国公使函》和《国民大决议案》。中午12时左右,大会结束。

卫队的枪声

会后,约2000名群众整队由东长安街向铁狮子胡同段祺瑞执政府进发。李大钊和中共北方区委的部分成员赵世炎、陈乔年、陈为人,共青团北方区委负责人肖子璋、杨善南,中共北京地委书记刘伯庄等及国民党政治委员会北京分会、国民党北京特别市党部的一些领导成员都参加了游行。李大钊身先士卒,手持旗帜走在游行队伍里。共产党员王一飞任游行总指挥,他扛着"广东省外交后援会北上请愿团"的大旗走在队伍最前面。陈毅、杨善南、王荷波、安体诚、刘清扬等共产党员、共青团员及国民党员担任了各队的指挥并负责联络工作。游行群众每四人一排,举着旗帜,沿途散发传单,高呼"驳回八国无理通牒""废除《辛丑条约》""全国民众即时起来抵抗第二次八国联军""国民应该为废除不平等条约而战"等口号。

下午1时20分,游行队伍到达执政府。这时,北新桥以南,交道口以东,铁狮子胡同东西两口,执政府东西辕门及大门口早已密集荷枪实弹全副武装的军队。五位代表请求会见段祺瑞。不料门内武装卫兵气势汹汹,不许进入。群众无比愤怒,齐声高呼"我们到吉兆胡同去""打倒丧权辱国的政府""打倒段祺瑞""打倒帝国主义"等口号,高唱国民革命歌。

正当群众议论纷纷,准备前往段宅时,突然,执政府门楼的窗

示威游行队伍在街上观看反对日本帝国主义的宣传画

户里向外连发三枪,警笛随即鸣起,东西辕门的卫兵把枪对准群众平射。王一飞是黄埔军校毕业生,有军事经验,他立即指挥前排的人卧倒,并向后面高呼"快卧倒",同时指挥队伍疏散。军警的枪弹密如连珠。半小时内,数十人应声倒地,血流如注,景象极为悲惨。埋伏的刽子手还手舞铁棍大刀追打群众。在这次惨案中,游行群众死47人,伤200余人。

在卫队开枪前,李大钊正和赵世炎站在广场靠近影壁处,陈乔年、刘伯庄站在广场西部靠近执政府门前。卫队开枪后,游行群众或死亡或受伤,队伍乱成一团。陈乔年胸部被敌人刺伤,由刘伯庄架扶着撤退。李大钊被裹在人群中间,挤到东门口,许多人被挤倒,他被压在中层,直到上面的人陆续爬起,他才从人垛里爬出来,鞋、帽、

段祺瑞卫队向手无寸铁的学生开枪前两分钟

眼镜都失落了,头和双手也受了伤。李大钊逃出后,走进附近胡同里的一个小饭铺,声称是看热闹的。老板看他年纪似乎不小了,又蓄着胡子,不像是示威的学生,就给了他一双鞋,这才脱险回家。

先行回到区委机关的赵世炎、陈乔年、夏之栩、汤汝贤、彭健华等人万分焦急。几次给李大钊家打电话探听他的消息,并派人出去寻找,当听到李大钊已安全回家,大家才松了一口气。很快,李大钊赶赴北方区委机关所在地召开会议,并与赵世炎、陈乔年等人商定当晚9时召开党团支部书记联席会、通电全国说明真相、为牺牲者召开送葬会和追悼会等善后事宜。

19日,李大钊先后与国民军第一军苏联顾问埃凡斯·阿连及李石曾、徐谦等研究,由冯玉祥任命鹿钟麟为北京卫戍司令。鹿于4月9

红迹 | 绵延赓续

日,解散了段祺瑞的卫队,包围执政府,段祺瑞事先闻风逃跑。4月14日,国民军将制造三一八惨案的卫队旅长宋玉珍、第一团团长武九清及四连连长、手枪队队长逮捕,为爱国学生伸张了正义。

4月20日,在全国人民的声讨下,段祺瑞被迫宣布下台,灰溜溜地逃到天津去了。

落花的悲声

文学家鲁迅先生称这一天是"民国以来最黑暗的一天",并发表了《记念刘和珍君》等声讨帝国主义和军阀政府的檄文。

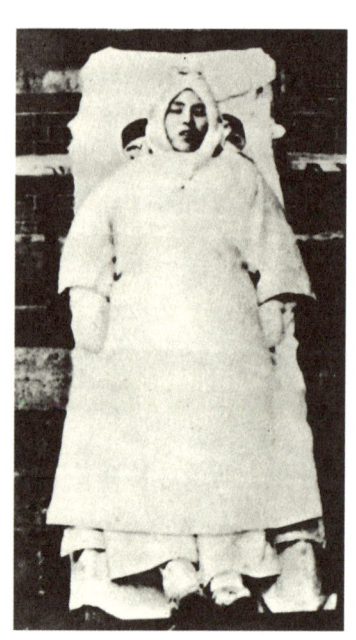

在三一八惨案中牺牲的刘和珍遗体

3月20日,中国共产党发表告全国民众书,明确指出"打倒惨杀爱国同胞的段祺瑞!肃清一切卖国军阀!取消《辛丑条约》,以雪最后通牒之耻"。3月23日,北京各团体、学校数千人在北京大学三院大操场举行三一八死难烈士追悼大会,陈毅任大会主席。会场摆放着500多个花圈、400余份挽联,陈毅、邵飘萍及死难家属代表等怀着悲痛和愤怒的心情,在会上发言。最后,大会通过在天安门建立三一八殉难烈士纪念碑等三项提案。

散落各处的三一八烈士纪念碑

三一八惨案发生后，少数烈士的遗体由家属领回自行安葬或运回原籍料理，多数烈士的遗体均暂厝在北京的一些庙宇之中。20世纪20年代后期，北平府和一些学校纷纷为三一八惨案中牺牲的同学修建了纪念碑。计有：

1. 集中下葬于圆明园内九州清晏殿遗址处的三一八烈士公墓。三一八烈士公墓为一圆形墓基，由白石砌成，高1米多，占地80余平方米，墓基中央耸立着一座5米多高的六角形乳白色大理石的墓碑。碑身正面刻有"三一八烈士公墓"七个篆字及"中华民国十八年四月北平特别市政府立"等字样。碑座四周刻有北平特别市市长

建立在圆明园内的三一八烈士公墓

何其巩撰写的记述惨案发生经过的墓表与39位烈士的姓名、年龄、籍贯。墓基四周共有墓穴28坑，葬有刘和珍、杨德群、陈贵深、列炳、黄克仁、李家珍、谭季缄、彭廷硅、宋昭昺、胡锡爵、姚宗贤、赵仲钰、范士融、谢戡、陈燮、江禹烈、刘葆彝、周正铭、李行健、唐耀昆、李闽学、林孔唐、韦杰三、陈时棻、沈幼恒等烈士遗体。

2. 李家珍、黄克仁、张仲超烈士纪念碑（现北京大学校园内）。这座纪念碑是北京大学师生为三一八死难同学李家珍、黄克仁、张仲超修建的，建在北大三院（原东安门北河沿54号），1929年6月15日完竣。碑座高三尺，腰高一尺，身高八尺，取"纪念三一八"之意。碑身三面分别刻有烈士的名字，相应的碑座上刻着烈士的简历。碑身的另一面篆书刻着"国十有八年五月三十日立石"。下面的碑座刻有北大教授黄右昌撰写的铭文。1982年3月18日，共青团北大团委将纪念碑迁到现北京大学校园内。

3. 韦杰三烈士纪念碑（清华大学校园内）。清华大学的师生用一根特意从圆明园

第四辑　一把熊熊燃烧的火炬

清华大学学生韦杰三君死难纪念碑

废墟中运回的大理石断柱，作韦杰三烈士纪念碑的碑身。碑的基座正面刻字为"十五年三月十八日 韦杰三君死难纪念碑 本校学生会同人立"，竖立在水木清华后面、校河南侧的山坡上。1957年3月，清华大学第十三届学生代表大会决议，把断碑移到图书馆前草坪上；并在碑的右侧另置一方石，上刻有说明："三一八断碑，1926年为纪念在'三一八'反帝爱国示威中惨遭段祺瑞执政府杀害的韦杰三烈士而建。韦杰三，广西蒙山人，牺牲时为我校大学部一年级学生。临终前遗言：我心甚安，但中国快强起来啊！时年23岁。"

4. 魏士毅烈士纪念碑（现北京大学校园内）。三一八惨案发生后，燕京大学通过为烈士魏士毅修建纪念碑的决定，并于三一八惨案一周年纪念日在燕园（现北大校址）内落成。纪念碑正面镌刻着八个大字：魏士毅女士纪念碑。碑座四周雕以精美图案，并刻有碑铭。

5. 陈燮、江禹烈、刘葆彝烈士纪念碑。1926年3月28日，北京工业大学师生在校内为追悼三一八惨案中牺牲的陈燮、江禹烈、刘葆彝同学举行大会，会后又举行三位烈士纪念碑的奠基礼。建成后的纪念碑呈三棱形，高两米多，碑身及碑座分别刻有三位烈士的姓名和简略生平。这座碑原位于西城端王府夹道工业大学校园内，20世纪70年代因施工迁至圆明园遗址，位于三一八烈士公墓左后侧。

6. 刘和珍、杨德群烈士纪念碑（现北京鲁迅中学校园内）。刘和珍、杨德群系北京女子师范大学学生，1931年三一八惨案五周年纪念日，国立北平大学女子师范学院在石驸马大街校园内为两位烈士修建了纪念碑。碑身正面刻有：三一八遇难烈士刘和珍、杨德群纪念碑。碑身背面刻有文天祥的正气歌："是气所磅礴，凛然万古

第四辑 一把熊熊燃烧的火炬

燕京大学魏士毅女士纪念碑

241

存。当其贯日月，生死安足论。"碑身两侧分别刻着"国立北平大学女子师范学院""中华民国二十年三月十八日立"。碑座四周刻有两位烈士传略。

7. 唐耀昆、谢戡烈士纪念碑。1926年9月18日，北京汇文学校为唐耀昆、谢戡同学修建。纪念碑坐落在船板胡同的校园内。碑身正面刻有：为国死义唐谢君纪念之碑。碑座上刻有铭文，记述了两位烈士壮烈牺牲的经过。1960年汇文学校迁至崇文区幸福大街新址后，师生们将纪念碑一同迁去。

8. 范士融烈士纪念碑（现和平门中学校园内）。1929年3月，北平大学第一师范学院为三一八惨案中遇难烈士范士融修建了纪念碑，碑前刻有钱玄同书写的《烈士遇难记略》，碑座左右刻有马衡书写的烈士传略，碑座后面刻有烈士生前所喜好的诗一首。这座碑现下落不明。

1985年3月，北京师范大学师生为缅怀三一八殉难烈士，在校园内为范士融、刘和珍、杨德群三位烈士重建一座汉白玉方尖碑，碑座上镌刻着"碧血丹心"四个大字和三位烈士的生平。

第五辑
一支五彩缤纷的画笔

鼓楼　盛锡珊绘

时事评论引关注
——《每周评论》的作用

与《新青年》互补的《每周评论》

陈独秀1917年1月被聘为北大文科学长，随后《新青年》编辑部也迁到北京。在编辑《新青年》的过程中，陈独秀、李大钊等编者和广大的读者都感到《新青年》侧重学理，批评时政不够；月刊出版周期长，一月一期，有的文章评论发表不及时。时年39岁的陈独秀和29岁的李大钊精力充沛，决定在保持《新青年》原有风格的同时，再办一个与《新青年》相互补充，以及时反映当前迫切政治问题为主的时事政论性刊物。

1918年11月27日，在北大红楼二层的文科学长办公室里，陈独秀、李大钊与高一涵、高承元、张申府、周作人等人一起，研究创办一个新型周刊。因为参加者思想相近、志趣相投，会议很快达成一致：周刊定名《每周评论》；公推陈独秀负书记及编辑之责，余

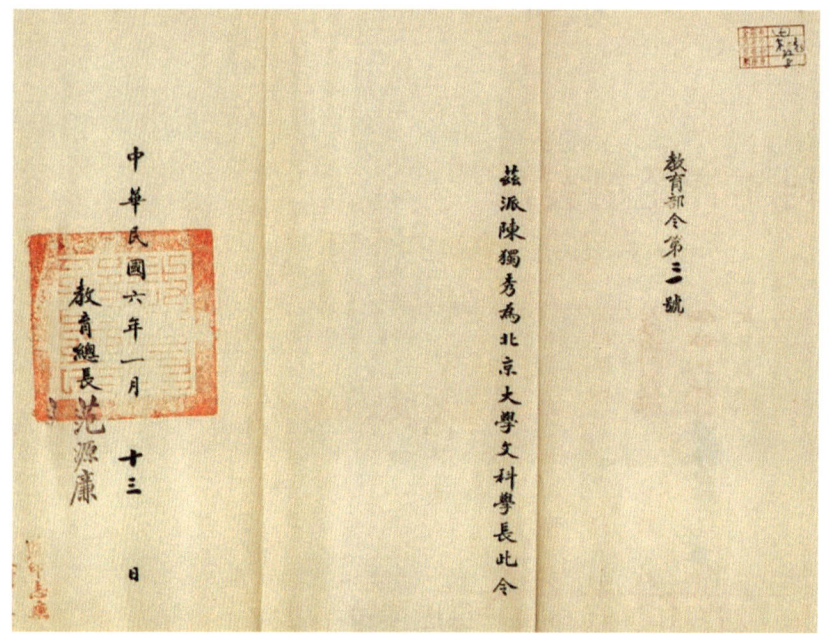

陈独秀任北京大学文科学长的部令

人兼任撰述；参会的人当场每人交 5 元大洋，做开办经费。除了参加创刊筹备会的人外，胡适、钱玄同、刘复、马裕藻、沈尹默、王光祈等也对《每周评论》予以支持。陈独秀、李大钊在《新青年》上刊登出版《每周评论》的广告，说明《新青年》重在阐明学理，一月一刊；《每周评论》重在批评时事，每周一刊，同是本着宣传新思想、提倡新文学的宗旨。

不到一个月时间，12 月 22 日《每周评论》创刊号便印制出版了。《每周评论》每逢星期日（有时并不完全守时）出版，为四开四版的小型报纸。编辑所设在沙滩北京大学红楼文科学长办公室，由

《每周评论》社负责出版发行。发行所设在北京宣武门外骡马市大街米市胡同 79 号安徽泾县会馆。

如创办者愿望一样,《每周评论》很快就和《新青年》一起,成为五四运动时期最著名的报刊,在社会上产生了重大的影响,被后人称为《新青年》的"孪生兄弟"。

陈独秀主编的前 25 期

《每周评论》创刊时正值第一次世界大战结束,由陈独秀撰写的《发刊词》说:"我们发行这《每周评论》的宗旨也就是'主张公理,反对强权'八个大字,只希望以后'强权不战胜公理'便是人类万岁!本报万岁!"

《每周评论》内容侧重时事评述、文学创作和文艺批评、宣传新思想,提倡新文学,刊登国内外大事述评,设有《社论》《文艺时评》《随感录》《新文艺》《读者来论》《新刊批评》等栏目。因篇幅所限,这些内容只能轮流刊出。《每周评论》先后编辑出版了关于新旧思潮、山东问题、北京学生运动等专号。

《每周评论》坚持新文化运动的方向,旗帜鲜明地反对封建道德文化。针对林纾发表《荆生》小说,谩骂新文化运动中批判孔子、提倡白话文为"禽兽自语"的挑衅。李大钊用辛辣的口吻写道:"我正告那些顽旧鬼祟、抱着腐败思想的人:你们应该本着你们所信的道理,光明磊落的出来同这新派思想家辩驳、讨论。……你们若是不知道这个道理,总是隐在人家的背后,想抱着那位伟丈夫的大腿,拿强暴的势力压倒你们所反对的人，替你们出出气，或是作篇鬼话妄想的小说快快口，造段谣言宽宽心，那真是极无聊的举动。须知中国今日如果有真正觉醒的青年，断不怕你们那伟丈夫的摧残；你们的伟丈夫，也断不能摧残这些青年的精神。"

《每周评论》热情介绍十月革命后的苏俄和社会主义制度。1919年1月5日，《每周评论》第3号发表李大钊《新纪元》一文，该文指出，第一次世界大战和俄国革命后将出现一个新纪元，"这个新纪元是世界革命的新纪元，是人类觉醒的新纪元。我们在这黑暗的中国，死寂的北京，仿佛分得那曙光的一线，好比在沉沉深夜中得一个小小的明星，照见新人生的道路。我们应该趁着这一线光明，努力前去为人类活动，作出一点有益人类的工作。""从今以后，生产制度起一个绝大的变动，劳工阶级要联合他们全世界的同胞，作一个合理的生产者的结合，去打破国界，打倒全世界资本的阶级。"此后发表的陈独秀短文也指出："欧洲各国社会主义的学说，已经大大流行了，俄、德和匈牙利，并且成了共产党的世界，这种风气，恐怕马上就要来到东方。"

《每周评论》较早地正面介绍和传播了马克思主义。1919年4月6日，《每周评论》第16号在《名著》专栏中，以《共产党宣言》的标题，刊载了20岁出头的成舍我（署名"舍"）用白话文体摘译的《共产党宣言》第二章《无产者与共产党人》的最后几段文字，包括无产阶级变革社会的十项纲领全文。译文虽只有千余字，译得也比较生硬，但还是把原著的基本思想表达出来了，这些内容是《共产党宣言》中极重要的篇章。《每周评论》编者在译文前加的按语强调

"这个宣言是马克思和恩格斯最先最重大的意见。他们发表的时候，是由 1847 年的 11 月至 1848 年的正月，其要旨在主张阶级战争，要求各地劳工的联合，是表示新时代的文书"。

4 月 20 日，在《每周评论》第 18 期上面，李大钊再次介绍《共产党宣言》。他说，今天我们要谈共产主义，"惟其中有一段历史、不可不知道的：即马格斯（马克思）曾手草过一篇《共产主义宣言》"。

《每周评论》真实地报道了巴黎和会和山东问题的进展，第一次使用"五四运动"的称谓。《每周评论》对于五四运动的报道，起了舆论先导的作用。五四运动爆发后，《每周评论》从第 21 号开始，连续 5 期详细报道这场群众运动的发展。《每周评论》对北京的青年学生有很大的影响。1919 年 5 月 4 日当天，在天安门前集会后，学生队伍到东交民巷美国公使馆递交信函，在一定程度上是因为陈独秀对美国大总统威尔逊的幻想，称他是"现在世界第一个好人"。事实教育了民众，也教育了《每周评论》的编辑。5 月 9 日，《每周评论》特辟《山东问题》专栏，李大钊撰文指出："威尔逊君！你不是反对秘密外交吗？为什么他们解决山东问题，还是根据某年月日伦敦密约，还是根据某年月日的某某军阀间的秘密协

《每周评论》关于五四运动的报道

定？你自己的主张计划如今全是大炮空声，全是昙花幻梦了。我实为你惭愧！我实为你悲伤！"5月26日，陈独秀在《每周评论》第23号上发表《山东问题与国民觉悟》一文，指出："我们国民因为山东问题，应该有两种彻底的觉悟：一、不能单纯依赖公理的觉悟；二、不能让少数人垄断政权的觉悟。"他号召："强力拥护公理。平民征服政府。"

值得一提的是，《每周评论》第一次把1919年5月开始的这场伟大的反帝反封建的爱国运动称为"五四运动"，从此奠定了这一事件的重要的历史地位。

报刊及报人的表率

由于陈独秀、李大钊及北大的同人思想解放，而且具有专业的理论和经验，由他们编辑的《每周评论》不仅密切反映政治形势变化，大胆分析国际国内现象，提出各种精辟的主张，而且在小型报纸的栏目设置、内容编排等方面都有创新。为了弥补版面狭小的不足，文章写得短小精悍。遇有重大事件，如《对于新旧思潮的舆论》《对于北京学生运动的舆论》等，除正张外，还增出"特别附录"一张，随报赠送。当时北大《新潮》杂志称赞《每周评论》说："读它的人可用最廉的代价，最经济的时间，知道世界上最新最要的事件。"受它的影响，全国各地相继出版了一些和它相似的时事评述性周报，如湖南的《湘江评论》、上海的《星期评论》、浙江的《钱江评论》、成都的《星期日》等，在当地和全国的范围内都受到了好评。

成功来源于主办者不懈的努力，李大钊和陈独秀白天忙于北大的工作，为了《每周评论》的撰稿、编辑、校对，经常在安徽泾县会馆的北屋工作到深夜。有时太晚了，两人便不回家，守着刊物睡觉。据张申府回忆："12月21日，第一号编好，当晚就由李大钊和我，同到宣外大街印刷地点（即北京《晨报》所在地）从事校对，直到深夜四点，校完印好，二人各携一张，欢喜地走回宣内西单西各人的寓所。"

由北大学生创办的《新潮》

据不完全统计，李大钊曾经以常、守常、明明、冥冥等笔名，在《每周评论》上发表各类文章55篇。

胡适主编的后12期

1919年6月11日，陈独秀在南城新世界游艺场散发《北京市民宣言》传单被捕，李大钊也遭当局通缉，被迫回故乡昌黎五峰山隐居。于是，留在北京的胡适开始主编第26号以后的《每周评论》。胡适的思想倾向和李大钊、陈独秀大不相同，在刊物的编辑上，这种分歧明显地表现出来，刊物的方向有了很大改变。

胡适

胡适不喜欢李大钊对十月革命的介绍，不相信马克思主义对中国革命的指导作用，他笃信实验主义，寄希望于社会的改良和解决具体的社会现实问题。他用《每周评论》第26、27号的全部篇幅刊载杜威的讲演录。他在《每周评论》第31号上，发表了著名的《多研究些问题，少谈些主义》一文，认为空谈好听的主义，是极容易的事；空谈外来进口的主义，是没有什么用处的；偏向纸上的主义，是很危险的。后来胡适归纳道："我这里千言万语，也只是要教人一个不受人惑的方法。被孔丘、朱熹牵着鼻子走，固然不算高明；被马克思、列宁、斯大林牵着鼻子走，也算不得好汉。"

李大钊看了胡适文章之后，回信给胡适，提出自己的认识。这封信冠以《再论问题与主义》的题目，1919年8月17日发表在《每周评论》第35号上。李大钊指出，问题与主义密不可分，宣传主义是为了解决问题，解决问题要以主义为指导。"我们的社会运动，一方面固然要研究实际问题，一方面也要宣传理想的主义，这是交相为用的，这是并行不悖的。"针对国内外反动派恶毒攻击和造谣诬蔑，李大钊明确指出："我可以自白，我是喜欢谈谈布尔扎维主义的。"尽管宣传马克思主义有危险，被统治阶级视作过激主义、邪说异端、洪水猛兽,"不过我总觉得布尔扎维主义的流行,实在是世界文化上的一大变动。我们应该研究他,介绍他,把他的实象昭布在人类社会"。

8月24日,为了辩解,胡适在《每周评论》上发表《三论问题与主义》,坚持"多研究具体的问题,少谈些抽象的主义"。

31日,胡适又在《每周评论》第37号上发表《四论问题与主义》一文,指责马克思主义的阶级斗争学说"使社会上本来应该互助而且可以互助的两种大势力,成为两座对垒的敌营,使许多建设的救济方法成为不可能,使历史上演出许多本不须有的惨剧"。

实践是检验真理的唯一标准,现实是最好的答案。胡适认为"应该互助而且可以互助"的统治阶级并没有那么仁慈。1919年8月31日,当刊有胡适《四论问题与主义》的《每周评论》第37号还在印刷厂的时候,米市胡同79号院的编辑室便被北洋政府查封了。

抗日锄奸敌胆寒
——东黄城根枪击日本军官

日军官命丧皇城脚下

"啪啪！啪啪！啪！啪！啪！"

七声清脆的枪响，划破了静寂的天空。刚才还骑着洋马，手捧地图，指东指西的两个日本军官，相继栽下马来。两个开枪的中国人则骑上自行车快速离开……

这不是抗战"神剧"的镜头，它真实地发生在1940年11月29日，沦陷的北平城内，东黄城根大街14号旁边。

此时距离七七事变已经三年多了，日本对中国压迫越来越残酷，军事行动越来越频繁。有压迫就有反抗，中国华北抗日军民的活动也越来越顽强，从1940年8月开始的百团大战一直没有停息。日本华北方面军一方面准备采取新的行动，同时又加紧了对汉奸的招降。这就出现了前述的一幕。

1937年8月13日日军进入北平

两个日本军官,都是日军华北方面军的作战参谋,一个是作战主任高月保中佐,一个是人事主任乘兼悦郎中佐。

两个中国人,一位是中国军队第80师的军人麻景贤大尉,一位是邱裕民少尉。

原为陆军步兵的乘兼悦郎1940年8月1日到职;从日军参谋本部作战课调来的作战班长高月保11月13日来平,刚刚过了半个月。这两个作战参谋都是为了加紧"清剿"华北抗日武装而来。与前线提心吊胆的日军不同,他们在北平舒服得很,住的是设在中央饭店(北京饭店)的华北方面军司令部军官、职员宿舍,每天好吃好喝。上下班可乘司令部的大客车,高月保、乘兼悦郎和大多数日本军官一样，更喜欢每天骑马上下班。因为从中央饭店到设在铁狮子胡同的日军华北方面军司令部并不远，只有3千米左右。

11月29日的上午9时，像往常一样，高月保、乘兼悦郎酒足饭饱，骑马从中央饭店出来。因为将要策划举行防空演习，高月保手拿地图，一边巡察四周的街巷状况和位置，一边与同是日本陆军士官学校第33期毕业的同学聊着过去的趣事，在这个"大东亚共荣圈"的都市，他们觉得非常得意和安全。

而此时，麻景贤和邱裕民正在着急。9月下旬两人就化装成普通市民，携带家人来到北平，他们接受的指令是暗杀亲日派头目，目的是要杀一杀近来投降派的威风。出发之前，为了表示胜利的信心，麻景贤给自己起了个名字叫麻克敌。但是，在城里一个半月过去了，由于北平大汉奸的保安警戒严密，他们一直没有找到合适的机会下手。正着急的时候，上司又增加了暗杀日军高级军官的指令。几天来，麻景贤和邱裕民都在寻找日军活动的规律，那些天天按时骑马来回的日本军官，引起他们密切的注意。

上午9时50分，高月保、乘兼悦郎骑马由西往东快到东黄城根大街14号，距华北方面军司令部已经不远。这一天是星期五，路旁美国基督教远东宣教会门前和大街上人员稀少。老马识途，快到目的地的两匹洋马放慢了脚步，高月保也把手中的地图折叠起来。

预谋已久的麻景贤、邱裕民戴着蒙住大半个脸的毡帽，骑着自行车迎面而来。就要相交而过的瞬间，两人突然跳下自行车，举起驳壳枪，一起向两名日本军官开火。麻、邱二人不愧受过特工训练，临阵不慌,弹无虚发,七声枪响之后,高月保身中三弹跌下马来,当即身亡。乘兼悦郎身中两弹,均由心脏上部穿过,重伤未死。两匹军马也各中一枪。

刺杀完成后,麻、邱二人毫不恋战,骑车向西不远,迅即转入北边一条斜巷中遁去……

二壮士英勇就义

消息传出,老百姓兴高采烈,纷纷转告,传得越来越神。有的说,这两个日本军官是日本天皇派来的特使;也有的说,是天皇家的亲戚。有的说,这是西山八路军进城了,专要鬼子大官的命;还有的说,是重庆方面派来的人。就连远在大后方的老舍都知道了这

《申报》相关报道

件事，在他的小说《四世同堂》里当作一个大事件绘声绘色地加以描述，虽然地点、过程与真实事件大不一样，但人们欢喜、兴奋的心情和表现却是相同的。

大白天，在日伪严密控制的北平城发生这样的事情，着实把日伪当局吓得不轻。第二天，日军华北方面军司令部发出了搜捕的命令，北平日本宪兵队成立了特别搜查班，日本宪兵队总部特高课进行现场勘查、子弹鉴定，驻北平日军在城内进行大搜查。就连驻天津的日本宪兵队、警乘分队、宪兵教习队、茂川机关（特务机关）等也开始了搜捕行动。北平市伪警察局更是拿出5万元的悬赏，到处张贴手绘的案犯自行车、帽子图样，提供的线索是：犯人30余岁，脸色青白，面平，穿黑色布袍及马褂，有无牌新脚踏车一辆。

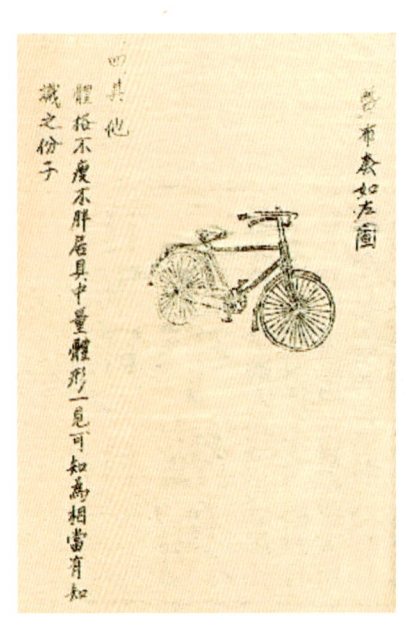

日伪警察局通缉"枪手"的相关文件

根据"老麻"称呼的线索，日伪当局认定作案者是个麻子，于是开始满街抓麻子。那个年代，很少有人种过牛痘，所以30多岁的麻脸人比较多。这事发生后，麻子可遭了殃，见到就抓，抓到就一一过堂，有的还被严刑拷打，闹得是鸡飞狗跳。从那个时代过来的人，说起北平"抓麻子"，没有一个不知道的。就这样连续搜捕了很久，还是一无所获。原来麻景贤、邱裕民所在的刺杀组织制度严密，为预防刺客被捕后暴露全组织，行动前后都以二人为一组，刺客只知道组内的人，各组互不横向联络，这样大大减少了串联引起的危险。

日伪宪兵队、警察局动用一切手段，包括逮捕北平及张家口行动组织的成员近 30 人。12 月 30 日，终于抓到了潜伏在北平市内的军统北平区负责人薄有陵，导致 1941 年 1 月初麻景贤被捕，随后邱裕民也被诱捕，此时距日本军官毙命已经过去了近 50 天。

在审讯中，麻、邱不予配合，最初称手枪扔到北海公园湖里了。在大肆寻觅未果后，经日本宪兵再次拷打询问，才供出手枪藏在家中墙壁中。通过手枪、子弹、弹道的比较，证明刺杀确为二者所为。不久，日军华北方面军司令部军法会判处麻景贤、邱裕民死刑。1941 年 2 月 15 日，两人被枪杀于北平天桥刑场。

敌伪军闻风丧胆

在北平沦陷时期，这样的刺杀不止一次，和城外的抗日武装斗争相配合，城内的抗日行动提振了沦陷区民众的信心和士气，对日伪统治予以震慑和打击，使他们终日生活在惶惶不安的恐惧之中。

平津沦陷后，原天津青年救亡联合会成员组建了抗日杀奸团及"抗团"燕京小组。1939 年春，建立了北平抗日杀奸团（简称抗团），并不断发展团员，扩大队伍，编辑小册子，教新团员了解日军编制、搜集情报、跟踪敌人、使用武器和制造燃烧弹等方面的知识，并开展和配合了如下抗日锄奸活动：

刺杀汉奸周作人。北平沦陷后，周作人未与北大南迁，留平且与日人多有来往。"抗团"决定派人刺杀他。1938年12月底，三名成员从西单乘车前往八道湾胡同周作人家，由于中途遇到伪警察盘查，行动被迫取消。查清周作人住宅地形和门户情况后，1939年1月1日上午，"抗团"成员冒充周作人的学生直闯周家客厅，开枪刺杀周作人。因子弹恰好打在周毛衣的纽扣上，纽扣减缓了子弹的冲击力，改变了子弹的轨迹，结果周作人只擦伤表皮。1939年后，周作人出任北京大学教授兼北大文学院院长、东亚文化协议会会长、华北政务委员会常务委员兼教育总署督办等伪职。

刺杀川岛芳子。1940年初，汉奸川岛芳子在位于西单附近的新新大戏院做寿，北平"抗团"决定借机行动刺杀川岛芳子。这天晚上，川岛芳子把戏院楼上的座位全包了，而楼下照常卖票。两名"抗团"成员买票进入戏院后不久，川岛芳子着男式长袍马褂，在数十人前呼后拥下落坐正中座位。二三十分钟后，川岛芳子突然起身往外走。"抗团"成员措手不及，赶忙往戏院门口跑。赶到门口，川岛芳子的汽车已经走远了，刺杀行动功亏一篑。

川岛芳子

刺杀北平伪商会会长邹泉荪。邹泉荪七七事变前任北平银行公会会长。北平沦陷后，他加入了江朝宗组织的北平维持会，后来担任伪北平商会会长，成了汉奸。1940年1月17日，"抗团"成员路过北京西四一个丁字路口，发现邹的汽车停在路旁。便拉开车门，朝车内抬手就是一枪。只听一声女人尖叫，阴差阳错，邹泉荪的老婆成了替死鬼。

刺杀北平伪工务局局长舒壮怀。伪北平特别市公署工务局局长舒壮怀是为日本人进行市政建设服务的汉奸。1940年3月29日中午，舒壮怀乘坐专车由工务局返回公馆辟才胡同29号，"抗团"三人迅速骑自行车从太常寺胡同南口出击，靠近舒壮怀的汽车后射击，子弹由舒的右肩膀射入从后背穿出。舒被送往协和医院，捡回一条命。

刺杀伪华北政务委员会教育总署署长方宗鳌。七七事变后，方宗鳌出任伪北平大学法学院院长、伪华北政务委员会教育总署署长、伪议政委员会秘书长，代行伪教育总署督办职权。1940年7月3日，当方宗鳌的汽车经过一个铁路道口被栅栏拦下时，除奸小组开枪击中其面颊。

击毙伪《新民报》编辑局局长吴菊痴。1940年7月7日，日伪当局决定在中山公园召开"庆祝皇军圣战三周年"的庆祝会。晚上9时30分，大会晚宴结束后，吴菊痴乘黄包车返回位于石驸马大街的伪新民报馆。"抗团"成员骑车尾随。乘南新华街土地祠门口混乱嘈杂之际，靠近连开两枪，吴菊痴在送往医院途中一命呜呼。

1940年8月上中旬，日军在北平、天津同时进行大规模搜捕行动。许多"抗团"成员被捕，甚至牺牲。

秘密战线长期潜伏

北平沦陷后，中国共产党一方面组织青年学生南下，参加抗日的活动和队伍；一方面在北平的郊区开展敌后游击战争，建立抗日根据地和民主政权。同时还在北平城内留下了一些秘密党员，进行长期艰苦的地下斗争，他们同样为打败日本侵略者做出了应有的贡献。

建立秘密交通线，输送人员和物资。1938年，刘少奇同志做出指示，城市中的党组织在坚持秘密工作的同时，应利用各种渠道了解敌情，向根据地输送人员和物资，积聚力量，准备配合将来反攻收复失地。为了沟通根据地与平津地下党的联系，冀热察区党委在平西与平津之间开辟了四条交通线：（1）北平—妙峰山—田家庄；（2）北平—镇边城；（3）天津—北平—松林店—张坊—平西；（4）北平—三家店—平西。1940年下半年，平津唐地下党的城市工作转由晋察冀中央北方分局直接领导，并成立城市工作委员会。城工委远在阜平，通过平西交通线开展工作暴露出了一些问题，开辟新的秘密交通线的任务日益迫切。1942年起，城工委抽调干部，以平汉铁路为主干，陆续开辟建立了曲阳、满城、定兴、白洋淀等多条新的秘密交通线，在边缘地带设置交通站点。交通员均是北平地下党从农民、工人、大中学生及部队中挑选出勇敢机智、政治可靠的干部担任，并以各种身份为掩护，脱产或不脱产地开展党的地下工作。最早担任这项工作的有崔振华、张一峰和张大中等人。后来，随着工作局面的扩展，又开设政治训练班，物色、吸纳从敌占区出来的青年学生，经过教育培养，回城参加秘密工作。党内秘密交通线的建立，对北平地下党的工作和根据地的建设，都具有重大作用。它保证了党对地下党组织的领导，使党的各项决定能够及时传达并正确执行，通过交通线传递了日伪统治下北平的各种情况，为制订对敌斗争计划提供了依据；地下交通线还在护送来往人员、运送物资和药品等工作中，做出了重要贡献。

建立领导机关，城里城外，相互配合。1940年9月18日，中共中央书记

秘密交通联络线上的部分交通员

处发出《中央关于开展敌后大城市工作的通知》，阐述开展敌后大城市工作的重要性，强调"荫蔽精干，长期埋伏，积蓄力量，以待时机"的沦陷区城市工作方针。1941年1月，中共中央晋察冀分局设立城市工作委员会，聂荣臻为书记，刘慎之为副书记，刘仁为委员，专门从事城市工作。在党的领导下，北平地下工作有序开展起来。

收集敌方情报，为军事斗争服务。情报工作是北平地下党的一项重要工作。随着抗日战争的深入，八路军前方总部、晋察冀分局和其他系统、根据地都曾派干部到北平开展情报工作，获取了日伪政权大量战略及活动情报，为晋察冀中央分局、军区领导机关领导

反"扫荡"、反封锁、反"蚕食"斗争，提供了重要的参考资料。如中共晋察冀分局社会部成立后，先后派遣多人到北平开展情报工作，加上原有的情报工作人员，党在北平建立了多个情报组，重点有平津情报联络站、王定南情报联络组、黄浩情报联络组、董雄飞情报组等。主要情报人员有王定南、黄浩、陈叔亮、李才（张友恒）等。在他们的安排下将地下工作者打入日伪机关，当时伪华北政务委员会所属要害部门，几乎都有党的秘密工作人员，专门调查敌人的军事、政治、经济、社会文化情况，然后再通过交通联络站将这些情报报送分局社会部和中央社会部，同时报告给晋察冀分局主要领导人，如彭真、聂荣臻、程子华、刘仁等。除了传递情报外，情报联络组还要负责地下工作者出入敌占区的护送，筹集运送药品、军需物资等工作。

黄浩与王佩芝晚年合影

联系抗日人士，开展统战工作。黄浩曾是美国基督教会的长老兼北平中华基督教青年会董事。抗战期间，黄浩以统一战线的形式，广泛联系平、津、沪、穗以及香港、南洋等地爱国人士，秘密组成"平津沪工商界经济委员会"，吸收上层进步人士参加抗日工作，先后发展100余人。黄浩、王佩芝夫妇教育其子女并影响和带动其他亲友10余人从事情报工作或其他抗日工作。为了购买大批急需贵重药品，黄浩等南下到华侨中募捐，利用美国协和医院宗教交际部主任李庆丰的合法身份，奔波于平津之间，购得药品。然后由王佩芝负责把药品夹在绸缎中，伪装并交秘密交通员运往边区。特别是燕京大学教授林迈可、法国医院院长贝熙业以及安国天主教兄弟会北安河分院的安定、安禄兄弟，为秘密运送药品、无线电器材以及其他军用物资都做了大量的工作。

墙外桃花墙内血
——草岚子监狱里的革命者

从草料场到监狱

草岚子胡同位于北京西城厂桥地区西南部，南北曲折走向，长340米、宽5米。据《京城五城坊巷衚衕集》记载，元代此地属积庆坊四铺，明清时属皇城西苑范围，多是为宫廷服务的设施和仓储之地，故有酒醋局、羊房夹道、御马仓、草栏等地名，《顺天府志》称这里为"草栏子"。清光绪三十二年（1906）据谐音称"草篮子"。1930年更名为"草岚子"。

1903年，清政府设立巡警部京师警察厅，下设东、西、中三个分厅。草岚子胡同19号的监牢原是京师警察厅中分厅的看守所。1908年，看守所扩建，监狱初具规模。1913年6月改称京师地方审判厅第二监狱，1931年9月改为北平司法部临时看守所，1932年3月又改为北平军人反省院，习称草岚子监狱。

抗日战争胜利后，曾有日本军人在此关押。北平和平解放后，此地为市公安局看守所，后为市公安学校分校、市公安局交通安全委员会所用。1988 年拆除。

监狱的构造和管理

20 世纪 30 年代上半期，随着共产党领导下革命运动的开展，国民党严苛统治的加剧，北平关押政治犯的监狱增加了不少，算起来大大小小有数十个公开或秘密的监狱、看守所。其中比较正规的有四处，即北平河北第一监狱、北平河北第二监狱、北平陆军监狱、北平军人反省院（专门关押已判刑的共产党人和革命群众）。

草岚子监狱的正门在酒醋局胡同（今文津街 13 号院内），北门在草岚子胡同，整体上东西长，南北窄。监狱里有一座灰色砖木结构的两层楼房，内设监狱办公室、犯人食堂等。楼后有一座长筒形的大房子，中间有东西过道，两边各有十间牢房。牢房分为南监、北监，又叫南号同和北号同。南监为"监"字号牢房，全部关押男犯人。北监称"省"字号牢房，六间关押男犯人，四间关押女犯人。牢房每间面积六七平方米，每间牢房关押四人。监狱能容纳 100 多人。

监狱的院墙高 3 米，墙上安有电网。监狱的四周和大门外右侧都设有岗楼，戒备森严。关到这里的犯人不分昼夜都被钉上脚镣，大号镣重 7 斤半，小号镣重 3 斤。狱中的伙食费用名义上是每月 4.5 元，实际上被监狱管理人员贪污克扣 2.5 元。所以每天吃的就是玉米面窝窝头，每顿饭只有一碗用白水煮的菜汤。牢房长年见不着阳

红迹 | 绵延赓续

20 世纪 30 年代的草岚子监狱

光,空气污浊,卫生条件极差。犯人每天中午与下午各"放风"一次,每次半小时。后来监狱当局怕犯人通气,改为分批吃饭、分批"放风",并且不许互相说话,防范甚严。

按照《反省院条例》的规定,北平军人反省院设上校院长、上尉总务员、上尉管理员、上尉训育员、上尉医长、中尉助理员、二等录事等职员,还有带军衔的看守 30 人左右。这个反省院实行的是军人管理。

不屈的革命者

1931 年 9 月,草岚子监狱为国民党当局设立的临时看守所,专门关押北平行营军法处已判刑的政治犯。1932年3月，按照国民党中央的"军人反省院"模式，该看守所改名为北平军人反省院。关押在这里的政治犯，多时达百余人，少时有六七十人。

"反省院"是国民党政府专门为关押共产党人和革命群众而设立的。20世纪20年代末，国民党行政院密令称："查共产党徒及一切反动分子行为狡诈，司法机关处理此类案件，每恪于普通程序及手续或因不得充分证据，致未能为严厉之制裁，若不设法补救，此辈将益无忌惮。"为此，决定在"首都及各省设置反省院"。"反省院"不同于普通监狱，它对于关押在这里的政治犯实行国民党的"反省政策"，要求犯人在狱中不仅仅是"坐牢"，而且在思想上必须进行"反省"。经过"反省"，履行手续，登"反共启事"，才能释放出狱。如果不"反省"，或者是"反省"不符合要求，即使刑期满了也不释放。反之，若是"反省""悔过"，履行手续，登"反共启事"，即使是刑期未满也可以释放。总之，"反省院"是要通过对身体的摧残和精神折磨，使革命者放弃政治信仰，屈膝投降。

1927年至1935年，中共中央北方局，中共顺直省委，中共河北省委、省军委、青年团省委，北平、天津市委以及所属区委的领导机关连续多次遭到严重破坏，许多党、团员和革命群众被捕。1931年，中共河北省委书记殷鉴、省委委员安子文、省委秘书长薄一波、省委巡视员胡锡奎和杨献珍、刘澜涛、董天知、韩均、周仲英、张友清、赵林、李楚离、田星云、廖鲁言、徐子荣、刘锡五、王其梅、冯基平、王鹤峰、李力果、刘有光、刘革平、侯振亚、唐方雷、傅雨田、刘亚雄、黄建纯、朱则民、孔祥祯、赵明新、高仰云、王德、徐冰等300人相继被捕入狱，关押在草岚子监狱。

为了开展狱中斗争，他们成立了秘密的党支部，并同中共河北省委取得了联系。先后担任狱中党支部书记的有陈原道、孔祥祯、殷鉴、薄一波和赵镈。党支部中有一人分工负责团的工作，先建立了两个团小组，后成立了团支部。先后担任团支部书记的有赵林、董天知、张玺等。不久，共青团员全部转为党员。

他们虽然身陷囹圄，但始终满腔正气，视死如归，在监狱、法庭、刑场上进行坚贞不屈的斗争，谱写了可歌可泣的壮烈篇章。曾任中共顺直省委常委兼农委书记的郝清玉，由于受到敌人长期摧残，身患严重的肠胃病，已卧床不起，生命垂危。监狱的训育员拿着印好的"反共启事"对他说："我在你手上涂上墨，你在这张纸上按个手印，马上就可以出去，还可以送你去法国医院治病。如果你不按这个手印，就把你送到天桥（当时枪杀人的地方）去！"郝清玉坚定地回答："国民党对外屈膝投降日本，对内压迫屠杀人民，应该反省的是你们。我是革命到底，无过无悔，想让我叛党，办不到，别说天桥，就是地桥，也吓不倒我，绝不按手印。"郝清玉不久牺牲在牢里。

中共山西特委委员赵子长刑期满后，拒绝写悔过书，被

郝清玉画像

继续关押。他在狱中得了重病，敌人说："只要你按个手印，就放你出去。"赵子长毫不屈服，他说："你们采取这样法西斯手段压我是压不倒的。共产党员永远不会在法西斯面前低头。让你们的'反共启事'见鬼去吧！"

监狱里面办党校

监狱党支部向党员们提出随时准备从容就义，努力争取"红旗出狱"的要求，即：坚定信念，绝不向敌人屈服；通过斗争改善生活环境，把身体搞好；把监狱变成学习马列主义的学校；长期打算，准备斗争到底。他们团结狱中难友，通过绝食斗争，反对国民党当局的"反省""审查"及虐待迫害，改善日常生活。这些斗争都取得了胜利。

狱中党支部深感加强党性锻炼和理论教育的重要性，努力把敌人的监狱变成学习马列主义的党校。他们在狱中成立了学习委员会，由杨献珍担任负责人具体指导。薄一波、安子文与看守拉关系，用高于市场的价钱让他们买进报纸和英、俄、法文版的马列著作，然后再把重要新闻剪摘下来，在监房里传阅。很多同志学习了《共产党宣言》《〈政治经济学批判〉导言》《反杜林论》《家庭、私有制和国家的起源》《路德维希·费尔巴哈和德国古典哲学的终结》《唯物主义和经验批判主义》《共产主义运动中的"左派"幼稚病》等马列著作，还阅读了一些中外历史著作和文学方面的书籍。杨献珍和廖鲁言懂英文，殷鉴懂俄文，李楚离懂法文，外文版的书籍由他们负责译成中文。经他们翻译的著作有恩格斯的《反杜林论》,列宁的《卡尔·马克思》《社会主义与战争》,斯大林的《列宁主义问题》,等等。他们每译出一段,韩钧、傅雨田、朱则民就用小楷抄写出来传阅。党支部还规定每人必须学一种或两种外语并办过《红十月》等手抄刊物。

狱中党校坚持了四年之久,在极其艰难的环境下,许多狱友经过刻苦学习,打下了文化基础和理论基础,后来成为他们重要的思想武器。

1936年春,中共中央代表刘少奇到天津主持北方局工作。当时,华北抗日救亡运动再度高涨,急需大批干部。同时,日军日益迫近北平,狱中这批干部如不能尽快获释,极有被杀害的危险。于是,北方局报党中央批准,做出了关押在草岚子监狱的一批党员通过履行手续的方式出狱的决定。据此,在草岚子监狱坚持斗争长达五年的53名党员,由北方局和北平区委分九批营救出狱,奔赴抗日战场。

权将舞台作战场
——慈慧寺里的北平剧联

没有被遗忘的地方

1958年,上海电影制品厂着手拍摄人民音乐家聂耳的故事片,反映这位曾经创作出《卖报歌》《大路歌》《开路先锋》《毕业歌》《铁蹄下的歌女》《义勇军进行曲》的革命者的生平与生活。该片是新中国的第一部音乐传记片,被列为国庆10周年献礼片之一。该片的一大特点就是真实,由聂耳的朋友编剧,赵丹饰聂耳,张瑞芳等许多三四十年代与聂耳同时代奋斗的演员参加演出。

一天,《聂耳》电影摄制组的成员来到了位于北京中轴线上景山和地安门之间的慈慧胡同,他们推开一座小庙的院门,有人高兴地喊道:"就是这里!找到了!找到了!"这里就是慈慧寺。电影拍摄再现了聂耳在这里的活动,再现了20世纪30年代北平左翼剧团排练的场景,更是给如今已经完全无存的慈慧寺留下了宝贵的资料,

红迹 | 绵延赓续

音乐传记电影《聂耳》海报

让后人可以一睹寺庙的全貌。

现在很难找到专门记述慈慧寺的材料，胡同里的老居民对其历史也知之甚少。我们可以知道的是：慈慧胡同位于原地安门的东南方，今地安门东大街南侧，呈东西走向，两端曲折。慈慧胡同是北京胡同套胡同的代表，南与南月牙胡同相通，北与北月牙胡同相通。现在全长230米，宽6米，沥青路面。

此地处明清皇城之内，位于慈慧胡同11号。寺中原有清康熙时石碑，上镌《清重修慈慧寺碑记》。宣统三年（1911）六月重修，有石碑一通，上镌"敕建古慈慧寺中兴碑序"。到了20世纪30年代，"慈慧殿并没有殿，它只是后门（地安门）里一个小胡同，因西口一座小庙得名"。慈慧寺规模不大，解放前只有几个和尚。院内除柏树以外，最多的是枣树，还有稀奇的楸树十余棵。

1949年北平解放后，这里称慈慧殿胡同，1965年改称慈慧胡同，"文化大革命"中曾经一度改叫宝书胡同。

慈慧胡同不长不宽，也没有"宝书"，但却有不少近代名人和这里有关。

1923年至1925年，北京大学教授、中国马克思主义哲学家、历史学家杜国庠在地安门内慈慧殿南月牙胡同13号租下房子，学习、研究、宣传马克思列宁主义，并命名为"赭庐"。

1932年，胡适等人筹办《独立评论》，创刊后租用慈慧殿北月牙胡同2号，在此维持五年。《独立评论》共出版244期，发行量最大时每期达到1.3万册，直到1937年7月18日终刊。

1933年7月到1937年7月，北大教授朱光潜一直租住慈慧胡同 3 号，并在此写下散文名篇《慈慧殿三号》《后门大街》。诗人梁宗岱与朱光潜同住慈慧胡同，他们在这里举办了一个"读诗会"，每月举行一两次。常到慈慧殿 3 号参加读诗会的有冯至、孙大雨、罗念生、周作人、叶公超、废名、卞之琳、何其芳、朱自清、萧乾等二三十人，这里成为当时最重要的文艺沙龙。

北平左翼剧联的摇篮

20 世纪 30 年代初期，慈慧寺曾是中共领导的左翼戏剧团体活动的重要场所。成立于 1932 年 2 月的中国左翼戏剧家联盟北平分盟（简称北平剧联），是中共北平地下党领导下的一个革命文艺团体。北平剧联由几十个进步剧社和业余剧团组成，例如：

呵莽剧社（呵莽为英文 Come on 的音译，意为前进）：1931 年初成立，呵莽剧社不但从事戏剧演出活动，而且还是一个文学团体，做左翼文化的研究工作，出版有《呵莽月刊》。活动地点经常在慈慧寺。

苞莉芭剧社（苞莉芭为俄文 Борьба 的音译，意为斗争）：1932 年初成立，自编自演抗日和反封建的进步剧目。经常在慈慧寺、北大法学院三院排演。

1932 年春成立的新球剧社和新兴剧社，成员多为北师大、戏剧学校的学生。此外较大的剧社还有农学院剧社、中法大学剧社、北美剧社等。

1932 年 2 月，中国左翼戏剧家联盟北平分盟成立大会在西城李阁老胡同北平大学法学院三院召开。北平剧联成立后，受上海总盟的委托,还组织了太原、天津、济南、青岛等地的分盟及绥远的小组。

北平剧联的机关先后设在北大三院宿舍、慈慧寺、北月牙胡同4号、新帘子胡同、西安门图样山6号等处。

倾向鲜明的剧目

北平剧联排演的主要是话剧,也有音乐和歌舞。这些剧目针对性强,能结合形势,短小精悍,易为观众所接受。他们演过的剧目有:

《梅雨》独幕剧,田汉作。该剧揭露资本家的剥削、压迫、狠毒和虚伪。写工人受侮辱和走投无路,也写他们的反抗和觉醒。剧本批评了不敢斗争、看不到出路的悲观者和不择手段、一味蛮干的盲动者,赞扬了敢于同资本家斗争的人物。

《月光曲》独幕剧,田汉作。该剧通过汽车公司工人们团结一致,粉碎外国资本家阴谋的事迹,塑造了有觉悟的工人形象。通过主人公的口,它明确宣称:"不管是哪一省、哪一地方的工人都是属于一个阶级。只有整个工人阶级的利益才是我们的利益。"

田汉

《乱钟》,田汉作。该剧描写九一八事变前东北大学的一个宿舍里，一群学生正做着各色迷梦，这时候日本帝国主义将东北占领了。虽然还有人醉生梦死，却也有人喊出了这样的声音："同学们不要被麻醉！不要受欺骗了！放下书本！快去参加我们殖民地的民族革命！"

《SOS》，楼适夷作。该剧描写日军占领沈阳时，无线电发报员在侵略者步步逼近发报房，脚步声越来越近，枪声越响越剧烈的情况下，镇定自若，将《告全世界民众书》一字一句地发完，然后跃起冲向敌人，献出了宝贵的生命。

《瓦刀》，于伶作。该剧描写一·二八事变时，上海闸北大片房屋毁于日军炮火，瓦匠、电工、管道工忙于抢修房子、电线和管道，他们控诉日军的暴行，驳斥帝国主义操纵的"国联李顿调查团"，表现了人民抗日的情绪。

于伶

《战友》，田汉作。该剧描写一个劳动人民出身的伤兵老刘，开导陷于失恋痛苦的大学生，要他们抛弃幻想，正视现实，积极投身于抗日救亡运动。

《二伤兵》，张季纯作。该剧描写长城抗日士兵英勇作战的事迹，号召人民奔赴、支援前线，抗击日本帝国主义的侵略。

《警号——一颗炸弹》，于伶作。该剧描写在日军占领的辽阳城，义勇军在某工人家里放置了一颗炸弹，作为起事的暗号。在日军随时进行搜查，炸弹几乎被抄走的情况下，歌颂工人、学生、爱国警察、小商贩配合城外义勇军，联合抗击侵略者的壮举。

此外，北平剧联演过的剧目还有《工场夜景》《血衣》《第一声》《最后一计》《活路》《一致》《到明天》等。

搏斗中的演出

北平剧联各剧团有时独立在街头演剧，有时联合排练，同台演出。观众大都是左翼团体的成员或动员来的市民群众。他们的演出频繁，据初步统计，仅1932年一年的时间，北平剧联的公开演出就达20余次。北平剧联主要的演出活动有：

1932年2月的反日演剧，参加的有新兴、育联、呵莽剧团。演出开始，首先奏《国际歌》，结果引起观众共鸣，同声合唱起来。这次演出的剧目有《活路》《一致》《到明天》《工场夜景》等。演出持续了3天，观众达3000余人。

1932年5月，剧联为声援北师大学生罢课募集经费，在北平大学法学院演出，剧目有《乱钟》、《梅雨》和《瓦刀》。即将开幕之际，军警突然闯入后台，声言为了维持治安，禁止演出。剧联同志据理力争，在负责人被看押的情况下，坚持上演。无畏的斗争和成功的演出，博得了观众一阵阵的热烈掌声。

1932年5月底，北平剧联为东北义勇军募捐，在灯市口瀛环戏院组织公演，准备的剧目有：《SOS》《血衣》《乱钟》《工场夜景》。

《SOS》刚演出一半,警察就跑到后台,勒令闭幕。台上的演员和台下的观众非常愤慨,共同高喊:"我们有演戏的自由!""我们有看戏的自由!"尽管警察一再驱赶,但是观众坚持不走。在"继续开演哪"的呼声中,幕布又一次次地重新拉开。这时军警和附近盐务学校的反动学生爬到剧场房顶,从天窗往下投掷玻璃、砖头、瓦块,并在剧场内大打出手,迫使演出停止。

1932年8月,反映一·二八淞沪抗战的剧本《战友》发表。剧联进行了紧张的排练,并在城南游艺园第一次公开演出。演出过程中,特务、流氓捣乱破坏,并将舞台设计者打昏。由于演员的斗争和观众的支持,演出继续进行,收到了良好的效果。第二天晚上,该剧又演出了一场。

1932年10月28日,清华毕业同学会在该校礼堂为抗日义勇军开募捐游艺会,请北平剧联演出了《SOS》《工场夜景》《月光曲》《乱钟》《战友》等。聂耳与老志诚(钢琴伴奏)合作,用小提琴演奏了《少年先锋歌》《国际歌》。随着剧情的发展,大家同声高呼"打倒日本帝国主义!""打回老家去!"等口号。

聂耳

1932年11月5日,剧联在北平商学院组织了一次演出，上演《血衣》《工场夜景》等。聂耳参加了音乐伴奏并在《血衣》中临时扮演了一个角色。

1933年春，长城抗战爆发，北平聚集了许多伤兵，新球剧社等在珠市口开明戏院举行了一次慰问伤兵公演，上演《战友》《SOS》《二伤兵》等剧目，引起抗日士兵的共鸣，受到了热烈欢迎。军警慑于伤兵们的众怒难犯，未敢干涉。

除此之外，北平剧联还在中央电影院、海淀小学、长辛店、门头沟等处演出。所有这些演出，实际上都是向反动当局的示威，几乎每一次演出都要经过一场斗争。

1932年11月聂耳离平回沪，1933年初北平剧联的主要领导陆续离开，加之4月以后，各进步团体的公开活动受到严格限制，剧联的排演和演出已不可能。在这样的形势下，1933年夏，北平剧联停止了有组织的活动。

北平剧联的演出虽然停止了，但时代的追光永远定格在他们的身上。

中共早期的学校
——中共北方区委党校始末

迫切的需要

中国共产党由无产阶级中的有觉悟的先进分子组成，所谓觉悟，离不开理论的学习。党从成立之初就把马克思主义的传播和指导放在重要的地位，随着革命运动的深入，无论在多么艰苦的环境下，为解决中国复杂的经济、政治、社会问题，都在进行及时的理论学习和补充。

1924年秋，在国共合作的形势下，北方地区国民革命运动迅速发展。李大钊参加共产国际五大回来后，在组织人员研究北方党的工作时，赵世炎首先提出：最近党的组织有了很大发展，工作很顺利，只是基层干部很缺乏。入党较久的同志先后被调到南方，或派往外地开辟工作，所以干部很不足，虽然从各学校支部选拔了一些积极分子，办了几期短期训练班，同志们的兴致也很高，许多同志

李大钊等出席共产国际五大代表与中共旅莫支部成员合影。前排左一为张太雷，左三为刘清扬，左四为彭述之，左五为李大钊；后排左一为赵世炎，左二为罗亦农，左四为王荷波，左五为任弼时

都争相参加学习，但是在时间和内容上还是不够。

李大钊听罢便说："干部训练非常重要，我们这个地区范围很广，任务很重，我们须赶快为党的工作的大发展准备大批的基层和中级领导干部。过去虽派出一些同志去发展工作，但还不够，为要适应今后工作的迫切需要，我们要办个像样的党校，来训练干部，迎接党的工作的大发展。党校的课程既要讲授党的政策，又要传授实际工作的经验和方法，还要讲授些基本的理论知识，以提高同志们的认识和工作能力。我们现在就开始筹划，马上以地委的名义给中央写报告，我也专门写封信强调一下。至于经费问题，我来想办法筹措。"于是筹办党校的计划就这样确定下来。

1925年10月，中共中央回信，在通知成立以李大钊为书记的中共北方区执委会的同时，批准创办北方区委党校的计划，派罗亦农任教务主任，实际上行使校长职责。

同月，中共中央执行委员会扩大会议制定的《宣传问题议决案》，是北方区委党校办校的依据和指针。"群众的鼓动和宣传中一定要有一种鼓动和宣传的人才。所以开办各地党校确是一种重要的工作。现时党内所有的力量，只能开办下列两种形式的党校：（一）各地委之下的普通的党校，造成群众的鼓动员。这种党校应当是工人的，毕业期限至多不过一月或一个半月。（二）区委之下的高级党校，教育一班政治智识较高的同志和已经有工作经验的同志——造成能够办党的、能够做成负责任的工作的人才，毕业期限不要过三个月。"北方区委党校就是这样一级和这样标准的党校。

艰难的环境

区委党校的准备工作紧锣密鼓地进行。

李大钊从苏联驻华大使加拉罕那里筹措了一部分办党校的经费。区委同志在新街口蒋养房胡同68号，租定了可容纳60名学员住宿的一处北京四合院作校址。还以三个月为期，计划了课堂设备、炊事用具、学员膳宿文具，以及外地学员来往路费的开支。

为保证安全，不被外人怀疑，党校对外使用"北京职业补习学校"的名义，还专门从天津调来一位同志，以学校创办人和校长的名义，正式向市教育当局办理了注册登记手续。他对外的名义是校长，而实际上仅负责教学用具和学员膳宿等事务。因他办过学校，这方面具有经验，所以办理得很妥善。罗亦农是党校实际的校长，但对外名义则是教务主任。

党校全部的教员、学生都集中在这所坐南朝北的四合院里，四合院门口挂着"北京职业补习学校"的牌子。这处房屋分成前后两个院落，由一道砖墙隔开，从一个门洞出入。前院临街有一排北屋，安排有总务处、接待室、厨房等。校长室设在临近大门的地方，以备外人到校时在前院接待。进到后院，南屋正厅三间作为教室，东耳房是教务主任室，西耳房是文书室和图书室。东西厢房各三间作为学员宿舍。校舍妥当以后，真正的校长罗亦农就搬到内院钉有教务主任室牌子的南屋东耳房内住下。为了学习的方便，党校还曾经在石老娘胡同、北京大学三院安排过教学。

根据北方各地工作的需要，区委确定了各地委选派党校学员的人数，规定了选派学员的条件：较有工作能力，学习心切，有培养前途的党、团员和积极分子。并通知各地委按照人数、时间，学员自行携带行李和日用品来京报到。为了加强热河、绥远、察哈尔少数民族工作，党校还特别注意吸收了一些少数民族的党、团员来学习。

中共最早以党校的名义办学培养干部，始于刘少奇1923年11月在安源开办的安源党校，那是党史上的第一所党校。而1925年冬，中共北方区委开办的党校是更高层次的党校。

丰富的内容

李大钊、赵世炎和罗亦农共同拟订了党校的课程和教学计划。他们采取自报和分配的方法,把授课人和课程内容做了大致的分工:

授课人	授课内容
李大钊	中国问题
罗亦农	政治经济学常识、历史唯物主义、世界革命史
赵世炎	列宁主义、社会主义史(包括空想社会主义、科学社会主义、共产主义)、殖民地半殖民地民族解放斗争、共产党在民主革命阶段的任务、职工运动、农民运动
陈乔年	马克思主义阶级斗争理论、党的建设、战后国际政治经济状况、世界革命形势和国际共产主义运动概况
肖子璋	关于共青团的任务和学生运动
刘伯庄	社会进化史(包括原始共产社会、封建社会、资本主义、帝国主义)、关于党的国共合作统一战线问题
李渤海	职工运动的理论和实际
卓恺泽	C.P. 和 C.Y. 的理论和历史、如何能成为七好党员和团员

此外,还有人专门教唱《国际歌》。

学员的辅导工作主要由罗亦农负责。从教学安排上看,既有理论也有实际,内容是十分丰富的。

10月正是北京秋高气爽的时候,党校开学那天,李大钊在开学典礼上讲话,他重申了当前革命形势的需要和党校的任务,勉励大家抓紧时间努力学习,以备结业后,奔赴工作第一线,更加自觉地、创造性地为党的事业做出贡献。

赵世炎在讲话中，简要地讲述了党校筹办的经过，着重指出环境恶劣，大家必须比在普通学校更加严守校规，在校期间非听课一律不得外出。校内一切事务由罗亦农负责，如需要外出必须经他批准，不得自由行动。食宿等生活方面的问题学校有人负责办理，大家不必操心，只安心学习就是。他接着说：在目前客观环境非常恶劣，党的经济情况又极困难的条件下，办起这样一所学校是很不容易的，党校一期最多三个月的时间，因此我们必须珍惜时间，星期天也不能虚度。希望大家辛苦点，尽可能多地学习点理论知识，多吸取点实际工作的经验，来提高认识，增强工作能力，以便将来在工作中做出贡献。

最后，罗亦农对教学计划和课程进行了安排。学习期间经常是上午、下午上课或听报告，夜晚自修，整理笔记。大课一周安排三次，也有夜间授课的时候。讲课或报告的时间一般为两三个小时。学员们每十人分为一组，推选一位组长，要经常结合学习中的问题召开小组会，对学习的体会和心得进行讨论。每周将学习笔记和讨论记录汇齐交教务处审阅。学校订有几种报刊，搜集了一些参考书，供大家阅读。对所讲授的内容，如有不解或疑问，可随时提出，予以解答。他接着说："我们是共产党员，是共产主义者，那就必须对马克思主义理论具有起码的知识。但是马克思主义是一门内容极其浩瀚的科学，绝不是三几个月的时间就能通晓和掌握的，这期党校的学习不过是向大家提供一个学习马克思主义入门的途径，但这个入门的途径却是很重要的，有了它即可在实际工作中继续学习，进一步深造。"他强调指出:"马克思主义不是教条,而是革命行动的指南。唯有通过革命的实际行动,才能真正领会马克思主义的深刻道理。"

罗亦农不仅对马克思主义理论造诣极深,历史知识也极渊博,又有从事党内教育工作的丰富经验。除了计划讲授的课程外,他还经常组织时事问题的报告和讨论。

学员们在校学习的时间虽然很短,但在北方区委领导的精心筹划和辅导下,大家的学习热情一直十分高涨。因校址地处偏僻,胡同内往来行人稀少,环境安静,学员们严格遵守学校制度,三个月的学习没有受到大的干扰,顺利完成了预定的教学计划。学习结束时,学员们还举行了一次联欢会。

党校学习结束后,大部分学员返回原派出地区,也有的被指派到其他需要的地区去工作。北京地委学员尹才一、陶永立、唐从周、邓鹤皋学习后,根据组织的安排,都离开了原来各自的学校,专职从事北方党、团的工作,并且在实际工作中都做得非常出色,这不能不说与党校的培养有很大的关系。

钟鼓楼下吁抗敌
——1936年民众抗日集会示威

救亡之声如钟鼓齐鸣

1935年在北平爆发的一二·九运动，打破了大革命失败之后的沉寂，学生、工人、市民用各种方法表达他们的经济、政治上的诉求。日本帝国主义侵略的深入和国民党政府的无能，时不时地还在给这盆烈火加注燃油。

1936年5月，日军以防共为名，决定向华北地区增兵。日本华北驻屯军司令官田代皖一郎更是要求宋哲元在5月30日以前脱离南京政府，实现他们的"改造华北方案"。5月28日，天津学生高举"反对日本增兵华北"的大旗，高呼"停止内战，一致抗日""反对华北特殊化"等口号，游行后又召开万人大会，决定罢课。

天津的爱国举动在北京引起巨大反响。6月11日，根据中共河北省委的指示，北平学联召开各校代表会议，决议：为声援天津

红迹 | 绵延赓续

五二八示威游行，反对日本增兵华北，反对武装走私，彻查海河浮尸事，于13日举行游行示威。

6月13日上午8时许，北平南城一带学校的学生在西单集结，北平师范大学、中国大学的旗帜一打开，一下子就聚集了1000多人。游行队伍冲破军警的阻拦，经西四、护国寺、什刹海、后海，向目的地钟鼓楼前进。

钟鼓楼，位于北京城中轴线的北端，钟楼鼓楼前后纵置，相距大约100米。鼓楼在元大都城内，被称为齐政楼。这是一座木结构建筑物，曾多次被火烧毁，又多次重修。钟楼始建于元至元九年（1272），也是多次毁之于火。清乾隆十年（1745）重建时，为了防止火灾，整个建筑采用无梁拱券式结构。钟鼓楼是元、明、清三代北京城的报时中心。鼓楼置鼓，钟楼悬钟，"晨钟暮鼓"，昔日文武百官上朝，百姓生息劳作均以此为据。随着清朝的衰亡，钟表的普及，钟鼓楼的功能逐渐失去，1924年清朝最后一个皇帝溥仪离开紫禁城后，钟鼓报时的惯例被彻底废止。

鼓楼与钟楼

第五辑　一支五彩缤纷的画笔

钟鼓楼气势雄伟，巍峨壮观，是中国古代劳动人民智慧与创造的结晶。北京钟鼓楼不仅在全国钟鼓楼建制史上规模最大、形制最高，而且钟楼至今仍保存有全国体量最大、分量最重的铜钟。鼓楼上的大鼓面上，留有清光绪二十六年（1900）八国联军侵入北京时的累累刀痕。因此，北京钟鼓楼又是见证北京近百年来历史的重要地点。

1935年一二·九运动之后，中共的抗日民族统一战线的主张逐步地贯彻落实，在群众中的影响也越来越大。1936年6月13日，游行示威的队伍一路上不断与东北大学及其他50多所学校的学生

1936年6月13日，北平学生为反对日本增兵华北和武装走私举行的抗日示威大游行影像

会合。当来到雄伟、壮观、秀丽的钟楼下面时，整个游行队伍已经壮大到有1万余人。市民大会在钟楼下通过了"反对日本增兵华北""反对盟军南调""督促中央出兵抗日"等六项决议，决定各校罢课三天。会后，游行队伍经地安门、景山西街、南长街到新华门前，沿途高喊"反对日本增兵华北""反对武装走私""彻查海河浮尸""拥护29军抗日""拥护29军保卫华北""拥护宋哲元将军抗日"等口号。由于中共抗日民族统一战线的感召和北平党组织的工作，争取了各界人士的支持，连北大校长蒋梦麟、师大校长李蒸、北平大学校长徐诵明等人也"联袂赴市府访市长秦德纯，请饬军警和平对待学生"。宋哲元转变了与学生的对立态度，此次游行宋未派军警前来镇压。

刘少奇关心的"北平问题"

这次钟鼓楼前的集会、示威结果是成功的，因为此时党的抗日民族统一战线的方针政策已经得到贯彻，集会示威的方式、口号都有了很大的改变，注意团结一切抗日的力量。

但正确的思想认识和行动方针不可能一蹴而就。钟鼓楼集会、示威之后，围绕着怎样理解中共中央的方针，怎样评价北平市委的工作，展开了争论。有的人认为"过去全党是腐败的，旧的干部都是官僚"，"旧瓶子不能装新酒"，要改组北平市委。他们的做法在北平党内引起一场风波，被称为"北平问题"。

中共中央驻北方局代表并主持北方局工作的刘少奇关注到"北

平问题"对党的工作的影响，经过调查研究，10月5日刘少奇针对北平党和群众工作中存在的问题，写下《关于北平问题》一文，发表于12月30日出版的《火线》第68期"北平问题"专号上。文章对这场党内争议进行了分析和总结。他严肃批评了徐高阮等人的错误观点：新老干部各有优缺点，为什么旧瓶不能装新酒呢？并有针对性地提出"旧瓶子洗一洗是可以装新酒的"。他说："只要看我们极大多数的干部和同志那种刻苦、坚持、忠实为党工作的精神，就知道我们的干部是很好的。党现在不应该轻易去打击与撤换一个干部，除非是那些坚持错误、不愿学习的人。过去那种随便'斗争'、随便打击与大批撤换干部的办法是错误的。"

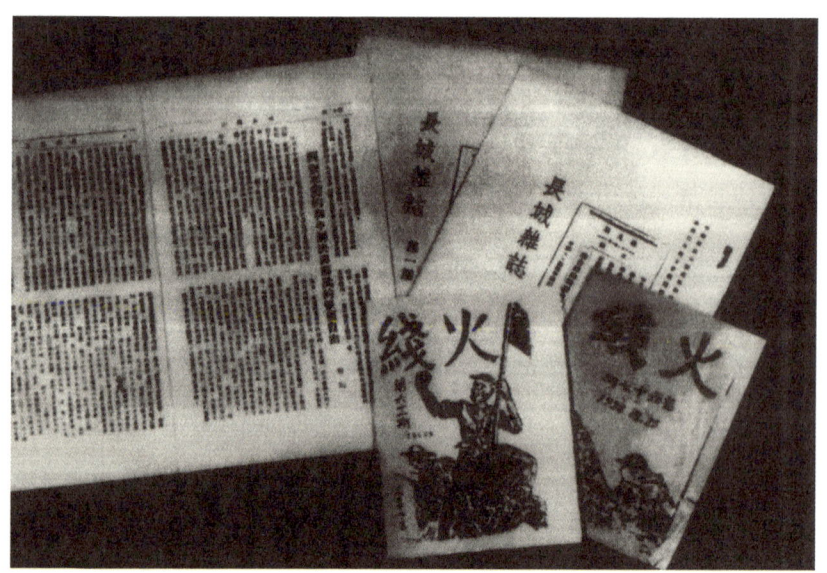

中共北方局、河北省委出版的党内刊物《火线》《长城杂志》

刘少奇指出："我们反对冒险主义，不是反对群众的革命行动，群众行动是不是冒险，要根据当时群众力量与客观的具体环境才能决定。不分析客观的环境而指挥群众的行为，是盲动主义；不分析客观环境而指挥群众不要行动，也不能不是'盲动'的右倾。"他认为北平党组织在新形势下的中心任务是：在保卫中原、保卫北平的口号之下，组织广大的反日民族统一战线。他建议用教育学习和改善作风的方法来解决党内的问题。基于这种思想，中共北方局调整和充实了北平市委领导班子。

刘少奇的这种做法修正了过去"左"倾错误的"残酷斗争，无情打击"，为钟鼓楼行动后北平的工作开辟了新的局面。

通过调查研究决定政策

钟鼓楼集会示威行动后的又一变化是党的领导机关和干部一改过去发号施令的做法，更加注重根据实际情况研究和制定政策。1936年8月下旬，中共北方局发出题为《华北政治形势与党的任务——给各级党组织的一封指示信》，明确指出："北平学联的活动，不仅在河北有举足轻重的决定意义，而且影响全国学生学联，省委应当特别注意其领导。特别注意吸收学联中能干，最先进最积极最忠实的同志参加省市两级工作，以便更正确的领导学联。"

如何落实党中央新策略的精神来改进北平地下党的工作呢？首先要熟悉情况，调查研究。1936年9月，刘少奇派组织部部长彭真到清华大学调查，指导北平工作。

10月21日，彭真在广泛深入的调查研究基础上，根据收到的18份意见书反映的问题，写了《根据党的新策略来检讨北平工作》一文，并在《火线》上发表。彭真根据党的抗日民族统一战线的策略原则，从政治领导、组织生活与领导方式、干部政策几个方面，系统地提出了对北平市委工作的改进意见。彭真指出，应把一般的政治号召与现实的事变结合起来，利用合法的组织与手段进行公开活动；注意掌握群众的要求与动向；要相信广大党员与群众的创造性；加强对干部的教育和帮助，不能任意打击干部。

根据北方局指示精神，北平党组织改变了政治路线和工作方法，积极进行恢复和整顿组织的工作，加强对党员的秘密工作教育，把党的组织隐蔽在公开或半公开的群众组织之中。到1936年底，全市党员人数比一二·九运动前增长近十倍，在各大学和部分中学中、在驻防北平的29军士兵中建立了党的支部，党员与社会上层人物的联系也多了起来。11月27日，刘少奇撰写《我们在北平问题上所应获得的教训》一文，发表在12月30日出版的《火线》第68期"北平问题"专号上。文章对北平工作给予高度评价，同时总结了北平党组织在工作中的经验教训，阐明了彻底转变白区工作的领导方式、工作方式和组织方式的必要性与迫切性，同时对坚持民主集中制，坚持统一战线中的独立性也做了阐述。

一叶知秋。钟鼓楼集会示威看似只是一件小事，但与一二·九运动的爆发，中共中央抗日民族统一战线的确立，西安事变的和平解决，以及支持29军抗战等重大事件联系起来看，却是历史发展中不可小觑的一环。

红迹 | 绵延赓续

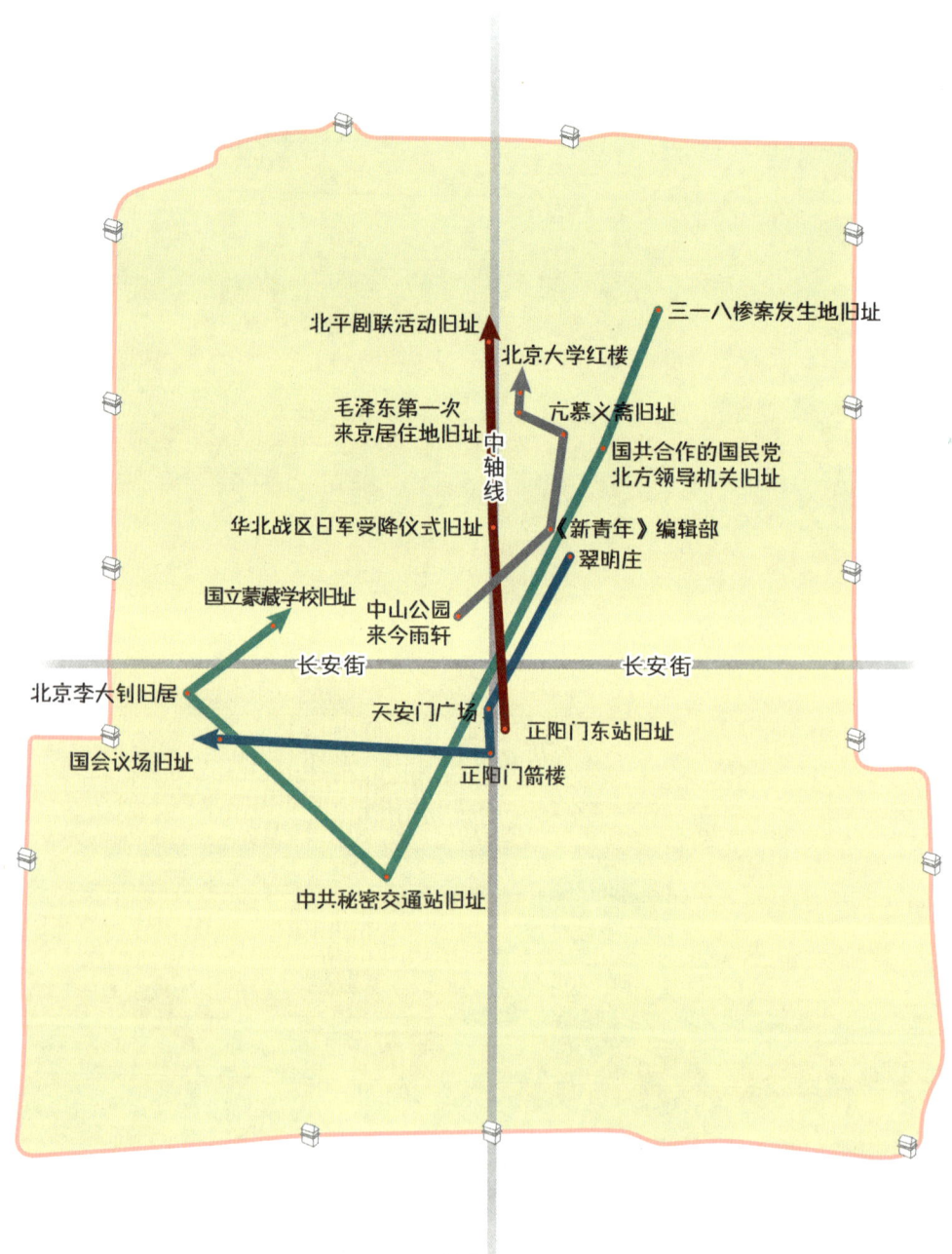

游览总图

■ 曙光初现红迹游　　■ 疾风骤雨红迹游　　■ 力挽狂澜红迹游　　■ 春色满园红迹游

注：景点介绍依据其所在地理位置摆放，大致与手绘街区地图匹配。受篇幅所限，手绘图与推荐游览顺序存在不一致的情况，请参照序号对应推荐游览顺序。此外，景点可能基于修缮、布展、改扩建等原因短期闭馆，建议读者提前查阅最新信息，再前往参观。

一、曙光初现红迹游

⑤ 北京大学红楼

④ 毛泽东第一次来京居住地旧址

③ 亢慕义斋旧址

② 《新青年》编辑部

① 中山公园来今雨轩

《新青年》编辑部（陈独秀旧居）

地址：东城区北池子大街箭杆胡同20号（旧门牌是箭杆胡同9号）

简介：1917年，陈独秀受聘于北京大学任文科学长，租住在此，《新青年》编辑部从上海随迁此地。陈独秀、李大钊、胡适、鲁迅等人曾任《新青年》编辑。这里是新文化运动主阵地之一。马克思主义在中国早期传播的重要场所。1920年2月，陈独秀为躲避北洋军阀迫害，离京赴沪，《新青年》编辑部随之迁回上海。2001年，被公布为北京市文物保护单位。

中山公园来今雨轩

地址：东城区中华路4号中山公园内

简介：来今雨轩，建于1915年。1918年李大钊在中央公园发表《庶民的胜利》演讲，颂扬俄国十月革命。20世纪20年代前后，这里是中国共产党早期北京革命活动的重要场所之一。1920年北京大学马克思学说研究会成立后，李大钊多次来这里宣传马克思主义。1924年7月，北京反帝大联盟在这里召开了成立大会。1988年，被公布为全国重点文物保护单位。

📣 需提前1~7天在微信公众号"畅游公园"上预约购买中山公园门票，有东、西、南三个门可进入。

北京大学红楼

地址：东城区五四大街29号

简介：北京大学红楼原为北京大学校部、一院（文科）、图书馆所在地。始建于1916年，落成于1918年。北京大学红楼是一座具有光荣革命传统的近代建筑，是李大钊、陈独秀等开展革命活动的重要场所。五四运动时期，是新文化运动的中心和五四运动的策源地，是马克思主义早期传播的主阵地和中国共产党的主要孕育地之一。1961年，被公布为全国重点文物保护单位。

毛泽东第一次来京居住地旧址

地址：东城区景山东街三眼井胡同吉安所左巷8号（原吉安东夹道7号）

简介：1918年8月，毛泽东为组织新民学会赴法勤工俭学从湖南来到北京。初到北京时，他与蔡和森住在杨昌济家中。不久，为了便于联系来京的新民学会会员，毛泽东与蔡和森、萧子升、陈绍休、陈焜甫、罗学瓒、罗章龙、欧阳玉山租住这个小院的北房，在此住了几个月。1979年，被公布为北京市文物保护单位。

 可在胡同内外观。

③

亢慕义斋旧址

地址：东城区沙滩后街59号

简介：亢慕义斋旧址原为北京大学第二院西斋的两间宿舍。1920年，李大钊、邓中夏等发起成立北京大学马克思学说研究会后，将这里作为活动场所，一间为办公室，一间为图书室。图书室取名亢慕义斋。马克思学说研究会定期在此举行讨论会、演讲会，组织阅读马克思主义书籍。亢慕义斋收集了汉、英、德等各种文字的马克思主义文献及报纸杂志几百种。

 可在胡同内外观。

二、疾风骤雨红迹游

⑤ 国立蒙藏学校旧址
④ 北京李大钊旧居
③ 中共秘密交通站旧址
② 国共合作的国民党北方领导机关旧址
① 三一八惨案发生地旧址

三一八惨案发生地旧址

地址： 东城区张自忠路3号（原铁狮子胡同1号）

简介： 1926年3月18日上午，中共北方区委、国民党北京执行部、市总工会、学生总会等团体、学校共5000多人，在天安门前举行反对八国最后通牒国民示威大会，会后前往铁狮子胡同临时执政府请愿。队伍来到段祺瑞执政府门前时，遭到全副武装的卫队枪击，当场打死学生刘和珍、魏士毅等47人，伤200多人，史称"三一八惨案"。惨案的发生激起了全国各阶层人民的极大愤慨，鲁迅先生曾写文章称这一天为"民国以来最黑暗的一天"。1984年，被公布为北京市文物保护单位。

国共合作的国民党北方领导机关旧址

地址： 东城区翠花胡同27号（原翠花胡同8号）

简介： 该院大门朝南，进深约44米，总面积约1300平方米。前院到中院有一穿堂门。中院有正房三间，正房两侧各有一耳房。东西各有一排厢房。后院是一排北房。国共合作的国民党北方及北京领导机关于1925年2月由东城区织染局29号迁至该院。在这里，李大钊、于树德等中国共产党人和国民党左派领导、组织了一系列反帝反军阀的政治活动，如召开国民会议促成会全国代表大会，反对段祺瑞一手策划的"善后会议"，发起北京各界对英日帝国主义惨杀同胞雪耻大会，声援上海五卅运动，组织关税自主示威运动，等等。这些活动，对于传播革命思想、唤起民众起到了重要作用。

革命红迹之旅

③

中共秘密交通站旧址

地址： 西城区珠市口西大街241号

简介： 刘公馆为一所两进四合院，占地面积570平方米。早年为纪晓岚的住宅阅微草堂。20世纪30年代是原北洋政府国会议员刘少白的住宅，时称刘公馆。刘少白同情和支持进步人士的革命活动，把这里当作中共的一个秘密联络站。中共中央与河北省委之间转移经费、传递秘密文件等工作，都由刘公馆办理。1937年，刘少白由王若飞、安子文介绍加入中国共产党。毛泽东曾给予他很高评价。2003年，被公布为北京市文物保护单位。

 这里还是纪晓岚故居，建议提前在网上购买门票。

国立蒙藏学校旧址

地址：西城区小石虎胡同33号

简介：国立蒙藏学校成立于1912年,占地面积11880平方米。1923年秋,李大钊派赵世炎、邓中夏等人到蒙藏学校传播马克思主义,开展革命工作,吸收部分学生加入社会主义青年团。从1924年下半年开始,蒙藏学校中的蒙古族革命青年乌兰夫、吉雅泰、多松年等人陆续转为中共党员,并建立了中国共产党第一个少数民族支部。国立蒙藏学校成为蒙古族第一代共产党人的诞生地,被称为内蒙古革命的摇篮。2006年,被公布为全国重点文物保护单位。

北京李大钊旧居

地址：西城区文华胡同24号（原石驸马大街后宅35号）

简介：北京李大钊旧居占地面积约550平方米。1920年春至1924年1月,李大钊及家人居住于此。其间,李大钊为传播马克思主义、创建中国共产党、建立国民革命统一战线、巩固和发展国共合作、领导北方革命运动忘我工作,做出了巨大贡献,被誉为20世纪初叶中国革命的"播火者"。2013年,被公布为全国重点文物保护单位。

三、力挽狂澜红迹游

华北战区日军受降仪式旧址

地址：故宫太和殿

简介：1945年10月10日，华北战区日军受降仪式在故宫太和殿前举行，北平20万人观看了受降仪式。日本投降代表、华北方面军司令官兼驻蒙军司令官根本博等21名日本军人垂头丧气地步入会场。根本博在投降书上签字盖章，日本军官从腰间解下了他们的佩刀。受降主官孙连仲代表中国方面签字。遭受日军八年蹂躏的北平市民终于扬眉吐气、欢呼起来！

 需提前1～10天在"故宫博物院"官网或微信公众号"故宫观众服务"上预约购买故宫门票。带好身份证件，从午门（南门）安检后进入故宫。

正阳门东站旧址

地址：东城区前门东大街（天安门广场东南方）

简介：清朝末年至20世纪中期，京奉铁路正阳门东站一直是北京最大的火车站。1924年孙中山由此进京，李大钊等人亲自到车站迎接。1931年12月北平数千名学生组成南下示威团，准备去南京请愿示威，要求政府出兵抗战，并在车站坚持三天三夜的卧轨等斗争，迫使反动当局屈服，实现了南下请愿示威的目的。2001年，被公布为北京市文物保护单位。

 可在中国铁道博物馆（正阳门馆）官网预购门票。入馆须携带身份证件。

北平剧联活动旧址

地址：东城区地安门慈慧胡同 11 号

简介：20 世纪 30 年代初期，慈慧寺是北平地下党的一处秘密活动场所。中共地下工作者李葆华、陈沂、宋之的、刘斐章等先后在此居住、联络、开会研究工作。1932 年，党的外围团体呵莽剧社在寺中排练《SOS》《血衣》《梅雨》《工场夜景》等革命剧目。这些剧目演出后，激发了人民群众的抗日爱国热情。

 可在胡同内外观。

四、春色满园红迹游

① 翠明庄
② 天安门广场
③ 正阳门箭楼
④ 国会议场旧址

翠明庄

地址：东城区南河沿大街1号

简介：翠明庄原是国民党励志社招待所，1946年1月为北平军调部中共中央代表团驻地。进驻北平翠明庄的中共代表团领导成员有叶剑英、罗瑞卿、李克农、荣高棠、黄华等。他们在北平与美国、国民党代表进行了针锋相对的斗争，揭露他们制造内战的言行和特务们的卑鄙手段。1947年2月，因国民党撕毁停战协定发动内战，中共代表团由北平撤出。

现为北京市三星级饭店，可住宿、就餐。

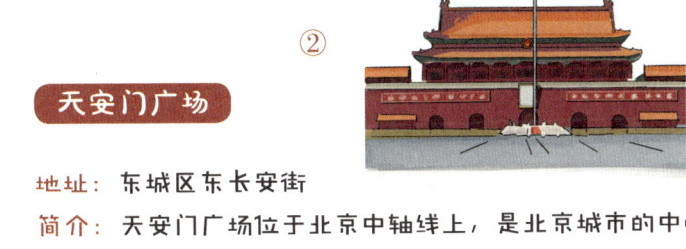

天安门广场

地址：东城区东长安街

简介：天安门广场位于北京中轴线上，是北京城市的中心。广场南北长880米，东西宽500米，面积达44万平方米，是世界最大的城市广场，是北京最富有纪念意义的场所。从五四运动、声援五卅运动、一二·九运动、五二〇运动到中华人民共和国成立，天安门广场目睹了中国现代历史上许许多多重大的政治、历史事件，见证了中国人民不屈不挠的革命精神和大无畏的英雄气概。

进入广场须携带身份证件。

④

国会议场旧址

地址：西城区宣武门西大街 57 号（现新华社礼堂）

简介：国会议场坐北朝南，平面呈正方形，主楼高三层，面积 2100 平方米，建筑外表采用灰砖清水墙，是辛亥革命后参、众两院联席开会的场所。1913 年 4 月 8 日，中华民国第一届国会开幕典礼在此举行。1930 年 9 月，中国左翼作家联盟北方分盟在这里召开成立大会。1931 年九一八事变后，爱国学生曾在这里上演抗日节目。1949 年 2 月 4 日，中共北平市委在这里召开全市地下党员胜利会师大会。彭真、林彪、聂荣臻、薄一波、叶剑英、刘仁、李葆华参加了大会。1949 年 5 月 4 日，中华全国青年第一次代表大会在此召开。

 可外观。

③

正阳门箭楼

地址：东城区前门外大街北端

简介：1949 年 1 月 31 日，北平宣告和平解放。2 月 3 日，中国人民解放军举行了隆重的入城式。林彪、聂荣臻、叶剑英、罗荣桓等登上正阳门箭楼，检阅由步兵、骑兵、炮兵、坦克兵等组成的威武雄壮的入城部队。北平市民拥上街头，热烈欢迎人民解放军入城。1988 年，被公布为全国重点文物保护单位。